Mills

LE 5e ACCORD TOLTÈQUE

La voie de la **maîtrise de soi**

Traduit de l'anglais (US) par Olivier Clerc

JouVence poche

De don Miguel Ruiz, en collaboration avec Janet Mills, aux Éditions Jouvence :
Les Quatre Accords toltèques
La Voix de la connaissance
La Maîtrise de l'amour
S'ouvrir à l'amour et au bonheur
Vivre les Quatre Accords toltèques au quotidien

De don Miguel Ruiz, en collaboration avec Barbara Emrys, aux Éditions Jouvence :
Acteur de votre vie

De don Miguel Ruiz aux Éditions Jouvence :
Les Croyances fondamentales des Toltèques,
enseignements recueillis par Mary Carroll Nelson
Sagesse et magie de la maîtrise de l'amour

Parrainé par don Miguel Ruiz, aux Éditions Jouvence :
Les Quatre Accords toltèques transmis à mon enfant,
Mélissa Monnier et Olivier Clerc

Catalogue gratuit sur simple demande
ÉDITIONS JOUVENCE
France: BP 90107 – 74160 Saint-Julien-en-Genevois Cedex
Suisse: Route de Florissant, 97 – 1206 Genève
Site Internet: www.editions-jouvence.com
E-mail: info@editions-jouvence.com

ISBN : 978-2-88953-373-2
Traduit de l'anglais par Olivier Clerc

Photo des auteurs en 4e de couverture : © Aaron Landman
Dessin et maquette de couverture : Charlotte Thomas
Mise en page intérieure : Virginie Cauchy

À chaque être humain qui vit
sur cette magnifique planète,
et aux générations à venir.

Sommaire

REMERCIEMENTS

Les auteurs souhaitent exprimer leur plus profonde gratitude aux personnes suivantes : Janet Mills, mère de ce livre ; Judy Segal, pour tout son amour et son soutien ; Ray Chambers, pour avoir éclairé le chemin ; Oprah Winfrey et Ellen DeGeneres, pour avoir partagé le message des *Quatre Accords toltèques* avec tant de gens ; Ed Rosenberg et le major général Riemer, pour leur reconnaissance des *Quatre Accords toltèques* sur l'insigne de la United States Air Force ; Gails Mills, Karen Kreiger et Nancy Carleton pour avoir généreusement fait don de leur temps et de leur talent pour réaliser ce livre ; et Joyce Mills, Miya Champa, Dave McCullough, Theresa Nelson et Shkiba Samimi-Amri pour leur dévouement et leur soutien constant aux enseignements des Toltèques.

LES TOLTÈQUES

Il y a des milliers d'années, à travers tout le Sud du Mexique, les Toltèques étaient connus comme des « *hommes et femmes de connaissance* ». Les anthropologues les ont décrits comme une nation ou une race, mais en réalité c'était des scientifiques et des artistes formant une société vouée à explorer et à préserver la connaissance spirituelle et les pratiques des anciens. Maîtres (*naguals*) et étudiants se réunissaient à Teotihuacan, l'ancienne cité des pyramides situées au-delà de Mexico City, connue comme le lieu où « *l'homme devient Dieu* ».

Au fil des millénaires, les *naguals* ont été contraints de dissimuler la sagesse ancestrale et de la préserver dans l'ombre. La conquête européenne, couplée à l'abus de pouvoir personnel de quelques apprentis, a rendu nécessaire de protéger la connaissance de ceux qui n'étaient pas préparés à l'utiliser avec discernement ou qui risquaient d'en user de manière abusive, à des fins personnelles.

Fort heureusement, la connaissance ésotérique des Toltèques s'est transmise et incarnée au fil des générations à travers diverses lignées de naguals. Bien qu'elle soit restée dans le secret durant des centaines d'années, les prophéties anciennes avaient annoncé la venue d'un âge au cours duquel il serait nécessaire de redonner la sagesse au peuple. Aujourd'hui, don Miguel Ruiz et don José Ruiz, naguals de la lignée des Chevaliers de l'Aigle, ont été instruits pour partager avec nous les puissants enseignements des Toltèques.

La connaissance toltèque émane de la même unité de vérité que les traditions ésotériques du monde entier. Bien qu'elle ne soit pas une religion, elle honore tous les maîtres spirituels qui ont enseigné sur Terre. Bien qu'elle comprenne une dimension spirituelle, elle est plus justement décrite comme étant un mode de vie qui se distingue par la facilité d'accès au bonheur et à l'amour qu'il procure.

INTRODUCTION

par don Miguel Ruiz

Les Quatre Accords toltèques ont été publiés il y a de nombreuses années. Si vous avez lu ce livre, vous savez déjà de quoi ces accords sont capables. Ils sont en mesure de transformer votre vie en pulvérisant les milliers d'accords restrictifs que vous avez conclus avec vous-même, avec autrui et avec la *vie* elle-même.

La première fois qu'on lit *Les Quatre Accords toltèques*, le livre opère sa magie. Il va bien au-delà des mots imprimés. Vous avez l'impression de connaître déjà chaque mot de cet ouvrage. Vous en ressentiez le contenu, mais sans doute ne l'aviez-vous jamais formulé auparavant. Quand vous lisez ce livre pour la première fois, il remet en question ce que vous croyez et vous entraîne jusqu'aux limites de votre compréhension. Vous parvenez alors à briser de nombreux accords restrictifs et à relever bien des défis, et vous en discernez bientôt d'autres.

Quand vous lisez cet ouvrage une seconde fois, vous avez l'impression de découvrir un texte complètement différent parce que les limites de votre compréhension se sont déjà élargies. Une fois encore, il développe en vous une conscience plus profonde de vous-même et vous atteignez la limite la plus distante dont vous soyez capable à ce moment-là.

Et quand vous le relisez une troisième fois, c'est comme si vous lisiez carrément un autre ouvrage.

Comme par magie, parce qu'ils *sont* magiques, *Les Quatre Accords toltèques* vous aident progressivement à recouvrer votre moi authentique. Avec de l'entraînement, ces quatre accords tout simples vous ramènent à ce que vous êtes *vraiment*, et non à ce que vous prétendez être. Or c'est exactement cela que vous voulez : être qui vous êtes vraiment.

Les principes des *Quatre Accords toltèques* s'adressent au cœur de chaque être humain, du plus jeune au plus vieux. Ils s'adressent aux peuples des différentes cultures du monde entier, des gens qui parlent des langues différentes, des gens dont les croyances religieuses et philosophiques divergent considérablement. Ils se sont instruits dans des établissements différents, de l'école primaire à l'université, en passant par le collège et le lycée. Si les principes des *Quatre Accords Toltèques* s'adressent à tout le monde, c'est parce qu'ils relèvent du bon sens.

Il est temps maintenant de vous faire un autre cadeau : le *cinquième accord toltèque*. Si je n'ai pas inclus ce cinquième accord dans mon premier livre, c'est parce que les quatre premiers représentaient déjà un défi suffisant à l'époque. Le cinquième accord est composé de mots, bien entendu, mais sa signification et son intention dépassent largement sa formulation. **Avec le cinquième accord toltèque, il s'agit en fin de compte de voir toute votre réalité avec les yeux de la vérité, *sans* mots**. La pratique de ce cinquième accord a pour résultat l'acceptation complète de vous-même, tel que vous êtes, et l'acceptation totale de tous les autres, tels qu'ils sont. Avec pour récompense, votre bonheur éternel.

Voici de nombreuses années, je me suis mis à enseigner certains des concepts présents dans ce livre à mes apprentis, puis j'ai arrêté, car il semblait que personne ne comprenait ce que j'essayais de dire. Bien que j'eusse partagé le cinquième accord toltèque avec mes apprentis, j'avais pris conscience que personne n'était prêt à apprendre les enseignements qui sous-tendent cet accord. Des années plus tard, mon fils, don José, a entrepris de partager les mêmes enseignements avec un groupe d'étudiants, et il a réussi là où j'avais échoué. Les raisons du succès de don José étaient peut-être sa foi totale dans la transmission de ce message. Sa seule présence exprimait la vérité et remettait en question les croyances des personnes qui suivaient ses cours. Il avait un impact immense sur leur existence.

Don José Ruiz est mon apprenti depuis qu'il est enfant, depuis le jour où il a appris à parler. Dans ce livre, j'ai l'honneur d'introduire mon fils et de présenter l'essence des enseignements que nous avons donnés ensemble au cours des sept dernières années.

Pour que notre message reste aussi personnel que possible, et pour conserver la première personne utilisée dans les précédents livres de sagesse toltèque, nous avons fait le choix de présenter également ce *Cinquième Accord toltèque* à la première personne. Dans ce livre, nous nous adressons donc aux lecteurs d'une seule voix et d'un seul cœur.

PREMIÈRE PARTIE

Le pouvoir des symboles

CHAPITRE 1

AU COMMENCEMENT

Tout est dans le programme

Dès l'instant où vous naissez, vous adressez un message au monde. Quel est ce message ? C'est *vous-même*, cet enfant. C'est la présence d'un *ange*, d'un messager venu de l'infini dans un corps humain. L'infini, le pouvoir total, crée un programme explicitement pour vous, et tout ce dont vous avez besoin pour être qui vous êtes s'y trouve déjà compris. Vous naissez, vous grandissez, vous vous mariez, vous vieillissez et, au final, vous retournez à l'infini. Chacune de vos cellules est un univers en soi. Chacune est intelligente, complète et programmée pour être ce qu'elle est.

Vous êtes programmé pour être vous, qui que vous soyez, et pour votre programme, peu importe ce que votre mental *pense* que vous êtes. Le programme n'est pas dans le mental. Il est dans le corps, dans ce que l'on appelle l'ADN, et au début de votre existence, vous en suivez instinctivement la sagesse. Quand vous êtes tout petit, vous savez ce que vous aimez, ce que vous n'aimez pas, quand ça vous plaît et quand cela ne vous plaît pas. Vous vous fiez à votre plaisir et vous essayez d'éviter ce qui ne vous convient pas. Vous suivez vos instincts qui vous indiquent comment être heureux, comment profiter de la vie, comment jouer, aimer et satisfaire vos besoins. Puis que se passe-t-il ?

Votre corps commence à se développer, votre mental mûrit et vous commencez à utiliser des symboles pour exprimer votre message. De même que les oiseaux comprennent d'autres oiseaux, et que les chats se comprennent entre chats, les humains se comprennent entre eux grâce à une symbologie. Si vous aviez été emmené sur une île et que vous y aviez vécu tout seul, peut-être vous aurait-il fallu dix ans, mais vous auriez fini par donner un nom à tout ce que vous voyez et vous utiliseriez ce langage pour communiquer un message, fût-ce simplement à vous-même. Pourquoi auriez-vous fait une telle chose ? Eh bien, c'est facile à comprendre, et ce n'est pas parce que les humains sont très intelligents. C'est parce que nous avons été programmés pour nous créer un langage, pour inventer tout une symbologie pour nous-mêmes.

Comme vous le savez, tout autour du globe les hommes parlent et écrivent dans des milliers de langues différentes. Les êtres humains ont inventé toute sorte de symboles, non seulement pour communiquer entre eux, mais également avec eux-mêmes. Ces symboles peuvent être des sons que nous prononçons, des gestes que nous faisons ou encore des lettres et des signes de nature graphique. Il existe des symboles pour des objets, pour des idées, pour la musique et les mathématiques, mais l'usage des sons est la toute première étape : elle signifie que nous apprenons à utiliser des symboles pour parler.

Les humains qui nous ont précédés avaient déjà des noms pour tout ce qui existe, aussi nous ont-ils enseigné la signification de ces sons. Ils appellent ceci une *table*, cela une *chaise*. Ils ont même des noms pour des choses qui n'existent que dans notre imagination, comme les sirènes et les licornes. Chaque mot que nous apprenons est le symbole de quelque chose de réel ou imaginaire, et il y a des milliers de mots à apprendre. Quand on observe des enfants de 1 à 4 ans, on voit les efforts qu'ils font pour acquérir toute une symbologie. C'est un effort considérable dont on ne se rappelle généralement pas, parce que notre esprit n'est pas encore mûr, mais à force de répétition et d'entraînement, on apprend finalement à parler.

Sitôt que nous savons parler, les humains qui s'occupent de nous nous enseignent ce qu'ils savent, ce qui veut dire qu'ils nous programment avec leurs connaissances. Ils ont en effet beaucoup de connaissances, lesquelles comprennent notamment toutes les règles sociales, religieuses et morales de leur culture. Ils captent notre attention, nous transmettent des informations et nous apprennent à devenir comme eux. **On apprend ainsi à devenir un homme ou une femme, en fonction de la société dans laquelle on est né.** On apprend comment « bien » se comporter dans la société, autrement dit comment être une « bonne » personne.

En vérité, on nous domestique, exactement comme un chien, un chat ou n'importe quel animal : en ayant recours à un système de punitions et de récompenses. On s'entend dire qu'on est un *gentil garçon* ou une *gentille fille* quand on fait ce que les adultes attendent de nous ; et qu'on est un *méchant garçon* ou une *méchante fille* dans le cas contraire. Parfois, on est puni sans avoir mal agi, d'autres fois, récompensé sans avoir fait quoi que ce soit de bien. De peur d'être puni ou de ne pas être récompensé, on essaie de faire plaisir à autrui. On s'efforce d'être bon, puisque les méchants ne reçoivent aucune récompense : on les punit.

Au cours de notre domestication humaine, toutes les règles et les valeurs de notre famille et de la société nous sont imposées. Nous n'avons pas l'occasion de choisir nos croyances ; on nous dit ce qu'il faut croire ou ne pas croire. Les personnes avec qui nous vivons nous donnent leur opinion : qu'est-ce qui est bien ou mal, qu'est-ce qui est juste ou faux, qu'est-ce qui est beau ou laid. Comme dans le cas d'un ordinateur, toutes ces informations se téléchargent dans notre tête. Enfant, on est innocent ; on *croit* tout ce que nos parents et les autres adultes nous disent ; on leur donne notre *accord*, et dès lors, cette information se stocke dans notre mémoire. C'est par notre accord que ce que nous apprenons se grave dans notre esprit, et c'est par notre accord aussi que cela y reste. Mais l'information doit tout d'abord passer par notre attention.

L'attention est quelque chose de très important chez les humains, puisque c'est la partie de notre esprit qui nous permet de nous concentrer sur un seul objet ou une seule pensée parmi tout un éventail de possibilités. C'est par l'attention que l'information extérieure accède à l'intérieur, et *vice versa.* L'attention est le canal que nous utilisons pour émettre et recevoir des messages entre êtres humains. On peut la comparer à un pont qui va d'un esprit à un autre ; nous ouvrons ce pont à l'aide de sons, de signes, de symboles ou de gestes, avec tout ce qui peut capter l'attention. Voilà comment nous instruisons les autres, et voilà comment nous apprenons nous-mêmes. On ne peut rien enseigner à autrui si l'on n'a pas tout d'abord capté son attention ; on ne peut rien apprendre non plus sans faire preuve d'attention.

En utilisant notre attention, les adultes nous apprennent à nous créer toute une réalité dans notre esprit, à l'aide de symboles. Après nous avoir transmis toute une symbologie au moyen de sons, les adultes la renforcent avec l'alphabet et nous apprenons le même langage, mais graphiquement cette fois. Notre imagination commence à se développer, notre curiosité se renforce et nous commençons à poser des questions. Nous ne cessons d'interroger, de questionner ; nous réunissons des informations de toutes parts. Et nous savons que nous avons finalement réussi à maîtriser une langue quand nous parvenons à utiliser des symboles pour nous parler à nous-mêmes, dans notre tête. C'est le moment où nous apprenons à *penser*. Avant cela, nous ne pensons pas ; nous imitons les sons des autres et nous utilisons des symboles pour communiquer, mais la vie reste simple aussi longtemps que nous n'attachons pas de signification ou d'émotions à ces symboles.

Sitôt qu'on attribue un sens aux symboles, on se met à les utiliser pour tenter de donner un sens à tout ce qui arrive dans notre vie. On les utilise aussi bien pour penser à des choses réelles qu'à d'autres qui ne le sont pas, mais que nous croyons pourtant telles, comme la beauté et la laideur, la minceur et la grosseur, l'intelligence et la stupidité. Et, vous l'avez sans doute remarqué, nous ne sommes capables de penser que dans une langue que nous maîtrisons. Durant de nombreuses années, je ne parlais que l'espagnol. Il m'a fallu de nombreuses autres années avant de maîtriser suffisamment les symboles de la langue anglaise pour penser dans cette langue. Maîtriser un langage n'est pas facile, mais vient un moment où l'on se surprend à *penser* avec les nouveaux symboles qu'on a appris.

Quand vient le moment d'entrer à l'école, vers l'âge de 5 ou 6 ans, nous comprenons la signification de concepts abstraits, comme juste ou faux, gagnant ou perdant, parfait ou imparfait. À l'école, nous apprenons à lire et à écrire les symboles que nous connaissons déjà, et le langage écrit nous permet d'accumuler davantage de connaissances. Nous continuons de donner un sens à un nombre toujours plus important de symboles, et non seulement la pensée se fait désormais sans effort, mais aussi d'une manière automatique.

À ce stade, les symboles que nous avons appris captent d'eux-mêmes notre attention. Ce sont les choses que nous avons apprises qui s'adressent à nous, et nous écoutons donc ce que nos connaissances nous disent. J'appelle cela *la voix de la connaissance,* puisque la connaissance s'adresse à nous dans notre tête. Il arrive souvent que nous entendions cette voix dans diverses tonalités ; nous entendons ainsi la voix de notre mère, de notre père, de nos frères et sœurs, et cette voix n'arrête jamais de parler. Elle n'est pourtant pas réelle ; c'est nous qui l'avons créée. Mais nous *croyons* qu'elle l'est, puisque nous lui donnons vie par la seule puissance de notre foi, avec pour conséquence que nous *croyons* ce que cette voix nous dit. C'est à ce stade que les opinions des humains qui nous entourent commencent à prendre le contrôle de notre esprit.

Chacun se fait une opinion de nous et de qui nous sommes. Quand nous sommes tout petits, nous ne savons pas qui nous sommes. Nous ne pouvons nous connaître que grâce à un miroir, et les autres font précisément office de miroir. Ma mère me dit qui je suis, et je la crois. C'est totalement différent de ce que me dit mon père, ou encore mes frères et mes sœurs, mais je suis également d'accord avec eux.

Les gens nous disent également de quoi nous avons l'air, surtout quand nous sommes encore tout petits. « Regarde, tu as les yeux de ta mère et le nez de ton grand-père. » Nous écoutons donc les opinions des membres de notre famille, de nos professeurs et des enfants plus grands que nous à l'école. Nous voyons notre image dans ce miroir, nous convenons que nous sommes cela et nous y donnons notre accord, de sorte que ces opinions s'intègrent bientôt à notre système de croyances. Peu à peu, toutes ces opinions modifient notre comportement et nous finissons par nous former mentalement une image de nous-mêmes qui correspond à ce que les autres disent de nous : « Je suis beau ; je ne suis pas si beau que ça. Je suis intelligente ; je ne suis pas très intelligente. Je suis un gagnant ; je suis un perdant. Je suis bonne dans ce domaine-ci ; je suis mauvaise dans celui-là. »

À un certain point, toutes les opinions de nos parents et de nos professeurs, de notre religion et de la société, nous font croire qu'il est nécessaire de nous comporter d'une certaine manière pour être accepté. On nous dit ce qu'il *faut* être, l'apparence qu'il nous *faut* voir et la façon dont il *faut* nous comporter. Nous devons être *comme ceci* et non *comme cela*. Et comme il n'est pas acceptable que nous soyons tels que nous sommes, nous commençons à faire semblant d'être quelqu'un d'autre. La peur d'être rejeté finit par devenir la peur de ne pas être à la hauteur, et nous nous mettons alors en quête de ce que nous appelons la *perfection*. Au cours de cette quête, nous nous formons une image de la perfection, de ce que nous souhaiterions être, mais nous savons que nous n'y correspondons pas, aussi nous mettons-nous à nous juger. Nous ne nous aimons pas et nous nous disons : « Regarde combien tu as l'air idiot, combien tu es moche. Regarde à quel point tu es grosse, petite, faible, stupide. » C'est là que le drame commence, car désormais, les symboles œuvrent contre nous. Nous ne remarquons même pas que nous avons appris à les utiliser pour nous rejeter.

Avant d'être domestiqués, nous nous fichons de savoir qui nous sommes et à quoi nous ressemblons. Notre tendance naturelle est d'explorer, d'exprimer notre créativité, de rechercher le plaisir et d'éviter la douleur. Quand nous sommes petits, nous sommes encore sauvages et libres ; nous courons tout nus sans avoir conscience de nous-mêmes et sans nous juger. Nous disons la vérité, puisque nous vivons dans la vérité. Notre attention est tout entière dans l'instant présent ; nous n'avons pas peur du futur, ni honte du passé. Après notre domestication, nous essayons d'être à la hauteur, aux yeux de tout le monde, mais nous ne le sommes plus à nos propres yeux, puisqu'il nous est impossible d'atteindre notre idéal de perfection.

Toutes nos tendances humaines normales se perdent au cours de ce processus de domestication, aussi nous mettons-nous en quête de ce que nous avons perdu. Nous cherchons la liberté, puisque nous ne sommes plus libres d'être qui nous sommes ; nous cherchons le bonheur, puisque nous ne sommes plus heureux ; nous recherchons la beauté, puisque nous ne croyons plus être beaux.

Nous continuons de grandir et, à l'adolescence, notre corps est programmé pour produire une substance qu'on nomme *hormones*. Notre corps n'est plus celui d'un enfant et le mode de vie que nous avions jusque-là ne nous convient plus. Nous n'avons plus envie que nos parents nous disent que faire ou non. Nous voulons notre liberté ; nous voulons être nous-mêmes, mais nous avons également peur de nous. Les gens nous disent, « Tu n'es plus un enfant », mais nous ne sommes pas adultes non plus, aussi cette période est-elle difficile pour la plupart des humains. Une fois parvenu à l'adolescence, on n'a plus besoin que les autres nous domestiquent ; on a appris à se juger, à se punir et à se récompenser en fonction du même système de croyances qui nous a été transmis, et en utilisant le même système de punitions et de récompenses. Il se peut que la domestication soit plus facile pour certaines personnes, dans certaines régions du monde, et plus difficile pour d'autres, ailleurs, mais en général aucun d'entre nous n'échappe à ce processus. Aucun.

Au bout du compte, le corps atteint sa maturité et tout change à nouveau. Notre quête recommence, mais désormais, ce que nous recherchons, c'est de plus en plus *nous-mêmes*. Nous recherchons l'amour, parce qu'on nous a appris à croire que l'amour existait quelque part en dehors de nous ; nous recherchons la justice, car il n'en existe aucune dans le système de croyances qu'on nous a inculqué ; nous recherchons la vérité, puisque nous croyons seulement les connaissances stockées dans notre tête. Et, bien entendu, nous continuons de chercher la perfection, puisque nous sommes désormais d'accord avec le reste de l'humanité : « Personne n'est parfait. »

CHAPITRE 2

SYMBOLES ET ACCORDS

L'art des Humains

Au cours de notre croissance, nous passons de multiples accords avec nous-mêmes, avec la société et avec tous ceux qui nous entourent. Mais **les accords les plus importants sont ceux que nous concluons avec nous-mêmes**, après avoir compris les symboles que nous avons appris. Ces symboles nous disent ce que nous croyons à notre propos ; ils nous signifient ce que nous sommes et ce que nous ne sommes pas, ce qui est possible et ce qui ne l'est pas. La *voix de la connaissance* nous dit tout ce que nous savons, mais qui nous dit si ce que nous savons est la vérité ?

Quand nous allons à l'école primaire, au secondaire et à l'université, nous acquérons beaucoup de connaissances, mais que savons-nous vraiment ?

Est-ce que nous maîtrisons la vérité ? Non, nous maîtrisons un langage, une symbologie, laquelle n'est vraie que parce que nous sommes *d'accord* et non parce qu'elle est *vraiment* la vérité. Où que nous soyons nés, quelle que soit la langue que nous parlions, il s'avère que pratiquement tout ce que nous savons relève d'accords, à commencer par les symboles que nous avons appris.

Si l'on est né en Angleterre, on apprend les symboles anglais. Si on est né en Chine, on apprend les symboles chinois. Mais que l'on apprenne l'anglais, le chinois, l'espagnol, l'allemand, le russe ou n'importe quelle autre langue, leurs symboles n'ont de valeur qu'en raison de celle que nous leur accordons et parce que nous sommes parvenus à un accord quant à leur signification. Si nous n'étions pas d'accord, ces symboles n'auraient aucun sens. Le mot *arbre*, par exemple, a un sens pour les personnes qui parlent français, mais « arbre » ne signifie rien en soi, sauf si nous *croyons* qu'il signifie quelque chose et que nous sommes *d'accord* à ce propos. Le sens de ce mot pour vous est le même que pour moi, et c'est pourquoi nous pouvons nous comprendre. Si vous comprenez ce que je dis en ce moment, c'est parce que nous sommes d'accord sur la signification de chacun des mots qui ont été programmés dans notre mental. Ce qui ne signifie pas pour autant que nous soyons complètement d'accord. Chacun d'entre nous attribue un certain sens à chaque mot, et il n'est pas tout à fait le même pour tout le monde.

Si l'on prête attention à la façon dont un mot est créé, on constate qu'il n'y a pas de véritable raison au sens qu'on lui attribue. Nous créons des mots à partir de rien ; nous les inventons. Les humains ont inventé chaque son, chaque lettre, chaque symbole graphique. Nous entendons le son « A » et nous disons, « Voilà le symbole correspondant à tel son ». Nous dessinons alors un symbole pour le représenter, nous réunissons ensuite le symbole et le son, et nous lui attribuons un sens. Dès lors, chaque mot gravé dans notre tête a un sens, mais pas parce qu'il est réel, ni parce que c'est la vérité. C'est simplement un accord que nous avons conclu avec nous-mêmes et avec tous ceux qui apprennent la même symbologie.

Si nous nous rendons dans un pays où les gens parlent une langue différente, nous prenons soudain conscience de l'importance et de la puissance de nos accords.

Un *arbre* n'est un *arbre*, le *soleil* n'est le *soleil* et la *terre* n'est la *terre* que si nous sommes d'accord là-dessus. Ces symboles n'ont aucun sens en Amérique, en Russie, en Turquie, en Suède ou en tout autre lieu où les accords sont différents.

Si on apprend l'anglais et qu'on se rend en Chine, on entend les gens parler, mais on ne comprend rien de ce qu'ils disent. Rien n'a de sens pour nous, puisque ce n'est pas la symbologie que nous avons apprise. De nombreuses choses nous sont inconnues ou étrangères ; on a l'impression d'être dans un autre monde. Si nous visitons les lieux de culte de ces gens, nous constatons que leurs croyances sont complètement différentes des nôtres, leurs rituels aussi, et que leurs mythologies n'ont rien à voir avec celles que nous avons apprises. L'une des façons de comprendre leur culture consiste à apprendre les symboles qu'ils utilisent, c'est-à-dire leur langage, mais en apprenant une nouvelle manière d'être, une nouvelle religion ou une nouvelle philosophie, des conflits peuvent apparaître avec ce que nous avons appris auparavant. Les nouvelles croyances se heurtent aux anciennes et le doute apparaît aussitôt : « Qu'est-ce qui est juste, qu'est-ce qui est faux ? Est-ce que ce que j'avais appris avant était la vérité ? Ou la vérité se trouve-t-elle plutôt dans ce que j'apprends maintenant ? Qu'est-ce que la vérité ? »

La vérité, c'est que toutes nos connaissances, 100 % de ce que nous savons, ne sont rien d'autre que le symbolisme et les mots que nous avons inventés afin de comprendre et d'exprimer ce que nous percevons. Chaque mot dans notre cerveau et sur cette page n'est qu'un symbole, mais chacun d'entre eux porte en lui la puissance de notre foi, puisque nous *croyons* en sa signification, sans le moindre doute. Les humains se construisent tout un système de croyances constitué de symboles ; nous nous bâtissons ainsi tout un édifice de connaissances. Puis, nous utilisons tout ce que nous savons, qui n'est rien d'autre qu'une symbologie, pour justifier ce que nous croyons, pour tenter d'expliquer – d'abord à nous-mêmes, puis aux autres – la façon dont nous percevons nous-mêmes, mais aussi tout l'univers.

Si nous avons conscience de cela, il est alors facile de comprendre que toutes les mythologies, les religions et les philosophies différentes que l'on trouve dans le monde, toutes les croyances et les manières de penser différentes, ne sont rien d'autre que des accords conclus avec soi-même et avec les autres humains. Ce sont là nos créations, mais sont-elles vraies ? Tout ce qui existe est vrai : la Terre est vraie, les étoiles sont vraies, l'univers tout entier a toujours été vrai. Tandis que les symboles que nous utilisons pour construire ce que nous savons sont seulement vrais parce que nous en décidons ainsi.

Il y a dans la Bible une histoire magnifique qui illustre la relation entre Dieu et les humains. Adam et Dieu marchent ensemble autour du monde, et Dieu demande à Adam quel nom il veut donner à chaque chose. Adam nomme ainsi l'une après l'autre tout ce qu'il voit. « Appelons ceci un *arbre.* Appelons cela un *oiseau.* Appelons cette chose-là une *fleur*… » Et Dieu est d'accord avec Adam. Cette histoire raconte la création des symboles, la création de tout un langage, et cela s'opère par accords.

C'est comme les deux côtés d'une pièce de monnaie : on peut dire que pile correspond à la perception pure, à ce qu'Adam perçoit ; et que face est la signification qu'Adam attribue à ce qu'il perçoit.

Il y a l'objet de perception, qui est la vérité, et notre interprétation de cette vérité, qui n'est qu'un point de vue. La vérité est objective, nous appelons ça la *science.* Notre interprétation de la vérité est subjective, on appelle ça l'*art.* La science et l'art ; la vérité et l'interprétation que nous en faisons. La vérité authentique est une création de la vie, et c'est la vérité absolue, puisque c'est la vérité pour tout le monde. Notre interprétation de la vérité est une création à nous et ce n'est qu'une vérité relative, puisqu'elle n'est vraie que par accord. En gardant cela à l'esprit, on peut commencer à comprendre l'esprit humain.

Tous les êtres humains sont programmés pour percevoir la vérité, et nous n'avons pas besoin du langage pour y parvenir. Mais pour *exprimer* la vérité, nous avons besoin du langage, et cette forme d'expression est notre art. Il ne s'agit plus de la vérité, puisque les mots sont des symboles et que les symboles peuvent seulement représenter ou « symboliser » la vérité. Par exemple, on peut tout à fait voir un arbre, même si l'on ne connaît pas le symbole « arbre ». En l'absence de symbole, on voit simplement l'objet. Cet objet est réel, il est vrai, et nous le percevons. Sitôt que nous lui donnons le nom *arbre*, nous recourons à l'art pour exprimer un point de vue. En utilisant davantage de symboles, nous pouvons décrire cet arbre : chacune de ses feuilles, chacune de ses couleurs. Nous pouvons dire qu'il s'agit d'un grand arbre, d'un petit arbre, d'un bel arbre, d'un arbre laid, mais est-ce vrai ? Non, l'arbre est toujours le même arbre.

Notre interprétation de cet arbre dépendra de nos réactions émotionnelles, lesquelles dépendront à leur tour des symboles que nous utiliserons pour recréer mentalement cet arbre. Comme vous le voyez, notre interprétation n'est pas exactement la vérité. Elle est néanmoins un *reflet* de la vérité, et ce reflet est justement ce que nous nommons *le mental humain*. Le mental humain n'est rien d'autre qu'une réalité virtuelle. Il n'est pas réel. Ce qui est réel, c'est la vérité. La vérité est vraie pour tout le monde. La réalité virtuelle, par contre, est notre création personnelle. C'est notre œuvre d'art, elle n'est « vraie » que pour nous.

Tous les humains sont des artistes, *chacun* d'entre nous en est un. Chaque symbole, chaque mot, est une petite œuvre d'art. De mon point de vue, et cela grâce à notre programmation, notre plus grand chef-d'œuvre est l'utilisation du langage pour nous créer toute une réalité virtuelle dans notre tête. Cette réalité virtuelle que nous nous créons peut être un reflet exact de la vérité, comme elle peut aussi être complètement déformée. Dans un cas comme dans l'autre, c'est de l'art. Cette création peut être notre paradis personnel, comme elle peut aussi être notre enfer personnel. Peu importe : c'est de l'art. En revanche, il n'y a pas de limites à ce que nous apporte la conscience de ce qui est vrai et de ce qui est virtuel. La vérité débouche sur la maîtrise de soi, sur une vie qui est très facile ; la distorsion de la vérité entraîne des conflits sans fin et des souffrances. C'est la conscience qui fait toute la différence.

Les humains naissent dotés de conscience ; nous venons au monde pour percevoir la vérité, mais nous accumulons des connaissances, tout en apprenant à nier ce que nous percevons. Nous nous entraînons à ne pas être conscients et nous devenons des maîtres de la non-conscience. La parole est pure magie, et nous apprenons à utiliser cette magie contre nous-mêmes, contre la création, contre nos semblables. **Être conscient, cela veut dire ouvrir les yeux et voir la vérité.** Quand on voit la vérité, on voit toute chose telle qu'elle est, et non comme on croit qu'elle est, ni comme on voudrait qu'elle fût. La conscience ouvre la porte à des millions de possibilités, et quand on sait qu'on est soi-même l'artiste de sa vie, on peut faire un choix parmi toutes ces possibilités.

Ce que je partage ici avec vous provient de ma propre formation, que je nomme *Sagesse toltèque*. *Toltèque* est un mot *nahuatl* qui signifie « artiste ». De mon point de vue, être un *Toltèque* n'a rien à voir avec une quelconque philosophie ou un endroit particulier dans le monde. Être un Toltèque signifie simplement être un artiste. Un Toltèque est un artiste de l'esprit, et en tant qu'artiste, nous aimons la beauté ; nous n'aimons pas ce qui n'est pas beau. Et si nous devenons de meilleurs artistes, notre réalité virtuelle devient un meilleur reflet de la vérité et nous créons ainsi un chef-d'œuvre céleste grâce à notre art.

Voici des milliers d'années, les Toltèques ont créé trois maîtrises pour l'artiste : *la maîtrise de la conscience, la maîtrise de la transformation* et *la maîtrise de l'amour, de l'intention* ou *de la foi.* Ils ne les ont séparées que pour nous en faciliter la compréhension, car en réalité ces trois maîtrises n'en forment qu'une seule. Elles nous montrent un chemin pour sortir de la souffrance et revenir à notre nature véritable, qui est toute de bonheur, de liberté et d'amour.

Les Toltèques avaient compris qu'avec ou sans conscience, nous nous créons une réalité virtuelle. Si la conscience est là, nous prenons plaisir à notre propre création. Et que nous permettions sa transformation ou que nous y résistions, notre réalité virtuelle se transforme toujours. Si nous pratiquons l'art de la transformation, nous la rendons rapidement plus facile, et au lieu que notre magie s'exerce contre nous-mêmes, elle favorise l'expression de notre bonheur et de notre amour. Quand on maîtrise l'amour, l'intention ou la foi, on maîtrise le rêve de sa vie, et une fois acquises les trois maîtrises, nous recouvrons notre divinité et faisons un avec Dieu. Tel est le but des Toltèques.

Les Toltèques n'avaient pas la technologie dont nous disposons aujourd'hui ; ils ne connaissaient pas la réalité virtuelle informatique, mais ils savaient comment maîtriser la réalité virtuelle du mental humain. Cette maîtrise-là exige le contrôle total de l'attention, c'est-à-dire de la façon dont nous interprétons l'information que nous percevons à l'intérieur et à l'extérieur de nous, et dont nous y réagissons ensuite. Les Toltèques avaient compris que chacun d'entre nous est semblable à Dieu, sauf qu'au lieu de créer, nous recréons. Et que recréons-nous ? Ce que nous percevons. C'est cela qui forme le mental humain.

Si nous parvenons à comprendre ce qu'est le mental humain, et ce qu'il fait, nous pouvons alors séparer le réel du virtuel, ou – dit d'une autre façon – la perception pure, qui est vérité, de la symbologie, qui est art. La maîtrise de soi est exclusivement affaire de conscience, elle commence par la conscience de soi. D'abord, prendre conscience de ce qui est réel, puis de ce qui est virtuel, c'est-à-dire de ce que nous croyons à propos de la réalité. Grâce à cette conscience, nous savons que nous pouvons changer ce qui est virtuel en modifiant ce que nous croyons. Nous ne pouvons pas changer ce qui est réel, peu importent nos croyances.

CHAPITRE 3

VOTRE HISTOIRE

Le premier accord toltèque

« *Que votre parole soit impeccable.* »

Depuis des milliers d'années, les humains se sont efforcés de comprendre l'univers, la nature, et plus particulièrement la nature *humaine*. Il est extraordinaire d'observer les humains à l'œuvre dans toutes les régions du monde, dans les différents lieux et cultures qui coexistent sur cette magnifique planète Terre. Les humains font beaucoup d'efforts pour comprendre, mais ce faisant, ils font aussi beaucoup de suppositions. En tant qu'artistes, nous déformons la réalité pour créer les théories les plus étonnantes ; nous élaborons des philosophies complètes et les plus incroyables religions ; nous nous inventons des histoires et des superstitions à propos de tout, y compris de nous-mêmes. Et c'est justement là le point clé : *c'est nous qui les créons.*

Nous autres humains, nous sommes dotés dès la naissance du pouvoir de création, aussi ne cessons-nous d'inventer des histoires avec les mots que nous avons appris. Chacun d'entre nous se sert de la parole pour se forger ses opinions, pour exprimer son point de vue. D'innombrables événements se produisent autour de nous et, en faisant appel à notre attention, nous avons la capacité de les rassembler en une histoire. Nous créons ainsi l'histoire de notre vie, l'histoire de notre famille, celle de notre communauté, de notre pays, de l'humanité tout entière, et jusqu'à l'histoire du monde entier. Chacun d'entre nous a une histoire à partager, un message que nous nous adressons à nous-mêmes, à chacun et à tout ce qui nous entoure.

Vous avez été programmé pour délivrer un message dont la création est votre plus grande œuvre d'art. Quel est ce message ? Votre *vie*. Grâce à ce message, vous élaborez principalement votre propre histoire, puis un récit concernant tout ce que vous percevez. Vous créez toute une réalité virtuelle dans votre mental, avant de la vivre. Quand vous pensez, vous le faites dans votre langue ; vous vous répétez mentalement tous ces symboles qui veulent dire quelque chose pour vous. Vous vous adressez un message, et ce message est vrai pour vous, puisque vous croyez que c'est la vérité.

Votre histoire, c'est tout ce que vous savez à votre propos, et en vous disant cela, je m'adresse à vous, la connaissance, ce que vous croyez être, et non à *vous*, l'être humain, qui vous êtes *vraiment*. Comme vous pouvez le voir, j'établis une distinction entre vous et *vous*, puisque l'un des deux est réel et l'autre non. ***Vous*, l'être humain physique, êtes réel ; *vous* êtes la vérité. Vous, la connaissance, n'êtes pas réel ; vous êtes virtuel. Vous n'existez qu'en raison des accords que vous avez conclus avec vous-même et avec tous les autres humains qui vous entourent.** Vous, la connaissance, émanez des symboles que vous entendez dans votre tête, de toutes les opinions des gens que vous aimez, de ce que vous n'aimez pas, de personnes que vous connaissez, et surtout de celles que vous ne connaissez pas.

Qui parle dans votre tête ? Vous supposez que c'est vous. Mais si c'est vous qui parlez, alors, qui écoute ? C'est vous, la connaissance, qui parlez dans votre tête et qui vous dites qui vous êtes. *Vous*, l'être humain, vous écoutez, mais vous existiez bien avant d'avoir des connaissances. Vous existiez bien avant de comprendre tous ces symboles, avant d'avoir appris à parler et, comme tout enfant qui ne sait pas encore parler, vous étiez parfaitement authentique. Vous ne faisiez pas semblant d'être quelqu'un d'autre. Sans même le savoir, vous vous faisiez totalement confiance ; vous vous aimiez complètement. Avant d'avoir acquis des connaissances, vous étiez totalement libre d'être qui vous étiez vraiment, puisque toutes les opinions et les histoires des autres humains n'étaient pas encore présentes dans votre tête.

Votre cerveau est rempli de connaissances, mais comment les *utilisez*-vous ? De quelle façon utilisez-vous le langage pour vous décrire ? Quand vous vous regardez dans un miroir, est-ce que vous aimez ce que vous voyez ou est-ce que vous jugez plutôt votre corps, en vous servant de tous les symboles pour vous raconter des mensonges ? Est-il *vraiment* vrai que vous êtes trop petit ou trop grand, trop gros ou trop mince ? Est-il *vraiment* vrai que vous n'êtes pas belle ? Est-il *vraiment* vrai que vous n'êtes pas parfait tel que vous êtes ?

Est-ce que vous remarquez tous les jugements que vous portez sur vous ? Chacun de ces jugements n'est qu'une opinion – c'est simplement un point de vue – or ce point de vue là n'était pas là quand vous êtes né. Tout ce que vous pensez à votre propos, tout ce que vous croyez à votre sujet, vous l'avez appris. Vous avez appris l'opinion de Maman, de Papa, de vos frères et sœurs, et de la société. Ils vous ont communiqué des images précisant à quoi un corps devrait ressembler ; ils vous ont donné leur opinion quant à ce que vous étiez, ce que vous n'étiez pas, et ce que vous *auriez dû* être. Ils vous ont transmis un message auquel vous avez donné votre accord. Depuis, vous pensez bien des choses à votre propos, mais tout cela est-il vrai ?

Le problème, voyez-vous, ce n'est pas vraiment la connaissance ; le problème, c'est de croire à une *distorsion* de la connaissance, et on appelle cela un *mensonge*. Qu'est-ce que la vérité et qu'est-ce qu'un mensonge ? Qu'est-ce qui est réel et qu'est-ce qui est virtuel ? Êtes-vous capable de faire la différence, ou croyez-vous cette voix qui parle dans votre tête, chaque fois qu'elle s'exprime et qu'elle déforme la vérité, tout en vous assurant que ce que vous croyez correspond bien à ce que sont véritablement les choses ? Est-il *vraiment* vrai que vous n'êtes pas quelqu'un de bien et que vous ne serez jamais à la hauteur ? Est-il *vraiment* vrai que vous ne méritez pas d'être heureux ? Est-il *vraiment* vrai que vous n'êtes pas digne d'être aimé ?

Vous souvenez-vous de l'époque à laquelle un arbre a cessé de n'être qu'un arbre ? Sitôt que vous savez parler, vous interprétez l'arbre et vous le jugez en fonction de tout ce que vous savez. C'est à partir de là qu'un arbre devient un bel arbre, un arbre moche, un arbre qui fait peur, un arbre merveilleux. Eh bien, vous faites exactement la même chose avec vous-même. Vous vous interprétez et vous vous jugez, en fonction de tout ce que vous savez. À partir de là, vous devenez quelqu'un de bien ou un sale type, un coupable, un fou, quelqu'un de puissant ou de faible, de beau ou de laid. Vous devenez ce que vous croyez être. Dès lors, la première question à se poser est la suivante : « Que croyez-vous être ? »

Si vous faites appel à votre conscience, vous verrez tout ce que vous croyez, et cela vous indiquera comment vous vivez votre vie. En effet, votre existence est totalement dominée par le système de croyances que vous avez assimilé. C'est ce que vous croyez qui engendre l'histoire que vous vivez et qui génère les émotions que vous éprouvez. Maintenant, vous avez peut-être très envie de croire que vous *êtes* effectivement ce que vous croyez, mais cette image est complètement fausse. Ce n'est pas *vous*.

Votre moi véritable est unique, il est au-delà de tout ce que vous savez, puisqu'il est la vérité. Vous-même, en tant qu'être humain, vous êtes la vérité. Votre présence physique est réelle. En revanche, ce que vous croyez à votre sujet n'est pas réel et n'a aucune importance, à moins que vous ne vouliez vous forger une meilleure histoire. Qu'elle soit vraie ou fictive, dans les deux cas l'histoire que vous créez est une œuvre d'art. C'est une histoire merveilleuse, un beau récit, mais cela n'en reste pas moins une histoire, aussi proche de la vérité que le permet l'emploi de symboles.

En tant qu'artiste, il n'y a pas de bonne ou de mauvaise façon d'exprimer votre art ; il y a simplement la beauté ou l'absence de beauté ; le bonheur ou l'absence de bonheur. Si vous croyez être un artiste, tout redevient possible. Les mots sont vos pinceaux et votre vie la toile. Vous pouvez peindre ce que vous voulez ; vous pouvez même copier l'œuvre d'un autre artiste. Ce que vous exprimez avec vos pinceaux représente la manière dont vous vous voyez, ainsi que le regard que vous portez sur la réalité tout entière. Ce que vous peignez, c'est votre vie. Le résultat dépendra de la façon dont vous vous servirez de la parole. Quand vous aurez compris cela, il vous viendra peut-être à l'esprit que la parole est un outil de création très puissant. Quand vous apprendrez à vous en servir en conscience, vous pourrez faire l'histoire avec la parole. Quelle histoire ? Celle de votre vie, bien entendu. *Votre* histoire *à vous.*

Le premier accord toltèque

“ *Que votre parole soit impeccable.* ”

Ce qui nous conduit au premier et au plus important des quatre accords toltèques : *Que votre parole soit impeccable.* La parole représente votre pouvoir créateur. Ce pouvoir, vous pouvez l'utiliser dans deux directions. La première correspond à l'impeccabilité, quand la parole crée une histoire magnifique, votre paradis personnel sur Terre. L'autre direction correspond au mauvais usage de la parole, quand elle détruit tout autour de vous et engendre votre enfer personnel.

En tant que symbole, la parole détient le pouvoir magique de créer, parce qu'elle peut reproduire une image, une idée, un sentiment ou une histoire tout entière dans votre imagination. La seule écoute du mot *cheval* suffit à en évoquer l'image dans votre tête. Tel est le pouvoir d'un symbole. Mais il peut être encore plus puissant que cela. Le seul fait de dire les mots *Le Parrain* fait surgir tout un film. Tel est votre pouvoir magique de création, un pouvoir qui commence par la parole.

Vous comprenez maintenant pourquoi la Bible dit, « Au commencement était le verbe, et le verbe était avec Dieu, et le verbe était Dieu ». D'après de nombreuses religions, au commencement, il n'existait rien. Et la toute première chose que Dieu créa, ce fut un messager, l'ange qui délivre le message. Vous comprenez sans doute qu'il puisse s'avérer nécessaire de disposer d'une chose capable de transférer de l'information d'un endroit à un autre. Bien sûr, un transfert de nulle part à nulle part semble un peu compliqué, et pourtant c'est également très simple. Au commencement, Dieu créa la parole et la *parole* est un messager. Si donc Dieu a créé la parole pour délivrer un message, et si la parole est le messager, alors voilà ce que vous êtes : un messager, un ange.

Si la parole existe, c'est en raison d'une force que nous nommons *vie*, *intention* ou *Dieu*. La parole *est* la force ; elle *est* l'intention, et c'est pour cela que nos intentions se manifestent à travers la parole, quelle que soit la langue que nous parlons. La parole est très importante pour créer toute chose, car sitôt que le messager commence à délivrer ses messages, une création tout entière surgit de nulle part.

Vous vous rappelez la scène où Dieu et Adam parlent et marchent ensemble ? Dieu crée la réalité, puis nous la recréons par la parole. La réalité virtuelle que nous créons est le reflet de la réalité première ; c'est l'interprétation que nous en faisons à l'aide de mots. Rien n'existe sans la parole, puisque c'est elle que nous mettons en œuvre pour créer tout ce que nous connaissons.

Vous l'avez peut-être constaté, je change de symboles à dessein, afin que vous remarquiez que ces différentes expressions signifient exactement la même chose. En effet, les symboles peuvent changer, mais leur signification est la même dans toutes les traditions du monde. Si vous prêtez l'oreille à l'intention qui *sous-tend* les symboles, vous comprendrez ce que je m'efforce de dire. L'impeccabilité de la parole est extrêmement importante, puisque la parole c'est *vous*, le messager. La parole se résume tout entière au message que vous délivrez, non seulement à toute chose et à toute personne qui vous entoure, mais aussi au message que vous vous adressez à vous-même.

Vous racontez une histoire, mais est-elle vraie ? Si vous utilisez la parole pour élaborer une histoire faite de jugement et de rejet de soi, alors vous l'employez contre vous-même et vous n'êtes pas impeccable. Quand vous êtes vraiment impeccable, vous ne vous dites pas, « Je suis vieux. Je suis moche. Je suis gros. Je ne suis pas à la hauteur. Je ne suis pas assez fort. Je ne m'en sortirai jamais dans la vie. » Vous n'utilisez pas la connaissance contre vous-même, ce qui veut dire que la voix de la connaissance, en vous, n'utilise plus la parole pour vous juger, pour vous déclarer coupable et vous punir. Votre mental est si puissant qu'il perçoit l'histoire que vous créez. Si vous créez des jugements contre vous-même, vous provoquez des conflits intérieurs qui ne sont rien d'autre qu'un cauchemar.

Votre bonheur dépend de vous et de la façon dont vous vous servez de la parole. Si vous vous mettez en colère et que vous employez la parole pour déverser du poison émotionnel sur autrui, on peut avoir l'impression que vous agissez contre cette personne, mais en réalité vous utilisez la parole contre vous-même. Cette action va provoquer une réaction similaire et cette personne vous en voudra. Si vous insultez quelqu'un, il peut aller jusqu'à vous faire du mal en retour. Si vous utilisez la parole pour déclencher un conflit au cours duquel vous risquez d'être blessé, vous agissez de toute évidence contre vous-même.

Que votre parole soit impeccable signifie donc véritablement de ne jamais retourner le pouvoir de la parole contre *soi.* Quand votre parole est impeccable, vous ne vous trahissez plus jamais. Vous ne parlez plus jamais pour médire de vous-même ni pour déverser du poison émotionnel sur autrui en répandant des rumeurs. La médisance est la forme de communication la plus répandue dans la société humaine, et nous l'apprenons en concluant des accords. Quand on est enfant, on entend les adultes qui nous entourent colporter des commérages sur eux-mêmes et exprimer leur opinion sur autrui, y compris des gens qu'ils ne connaissent pas. Mais vous savez désormais que nos opinions ne sont pas la vérité ; elles ne représentent qu'un point de vue.

Rappelez-vous que c'est vous qui créez l'histoire de votre vie. Si vous utilisez la parole d'une manière impeccable, imaginez un instant l'histoire que vous allez vous créer. Vous vous en servirez avec amour et dans un esprit de vérité envers vous-même. Vous utiliserez la parole pour exprimer la vérité dans chacune de vos pensées, dans chacun de vos actes, dans chaque mot que vous prononcerez pour vous décrire et pour raconter l'histoire de votre vie. Quel en sera le résultat ? Une vie absolument magnifique. En d'autres termes, vous serez heureux.

Comme vous pouvez le voir, l'impeccabilité de la parole est autrement plus profonde qu'il n'y paraît de prime abord. La parole est absolument magique et sitôt que vous adoptez le premier accord toltèque, il arrive des choses magiques dans votre vie. Vos intentions et vos désirs se réalisent facilement, parce qu'il n'y a plus de résistance, plus de peur : il ne reste que l'amour. Vous êtes en paix et vous vous forgez une vie de liberté et de satisfaction, à tous les niveaux. À lui seul, cet accord suffit à transformer complètement votre vie pour en faire votre paradis personnel. Ayez toujours conscience de la manière dont vous vous exprimez et *que votre parole soit impeccable*.

CHAPITRE 4

CHAQUE ESPRIT EST UN MONDE

Le deuxième accord toltèque

« *Quoi qu'il arrive, n'en faites pas une affaire personnelle.* »

Quand nous venons au monde, il n'y a encore aucun symbole dans notre tête, mais nous sommes dotés d'un cerveau et de deux yeux, et notre cerveau capte déjà les images que nous apporte la lumière. Nous percevons donc la lumière, nous nous habituons à elle et en y réagissant, notre cerveau produit d'innombrables images dans notre imagination, dans notre mental. Nous *rêvons*. Du point de vue des Toltèques, toute notre vie n'est qu'un rêve, puisque le cerveau a été programmé pour rêver vingt-quatre heures sur vingt-quatre.

Quand notre cerveau est éveillé, nous disposons d'une structure matérielle qui nous fait percevoir les choses d'une manière linéaire ; en revanche, quand nous sommes endormis, cette structure extérieure disparaît, aussi le rêve a-t-il tendance à changer constamment. D'ailleurs, même à l'état de veille, nous avons tendance à rêvasser et nos pensées ne cessent de changer. Notre imagination est si puissante qu'elle nous entraîne dans de nombreux endroits. En imagination, nous voyons des choses que les autres ne voient pas ; nous entendons des choses qu'ils n'entendent pas, ou peut-être pas, selon la façon dont nous rêvons. L'imagination imprime un mouvement aux images que nous observons, mais celles-ci n'existent que dans notre mental, dans le rêve.

Lumière, images, imagination, rêve... Vous rêvez en ce moment même, il est facile de le vérifier. Peut-être n'avez-vous jamais remarqué que votre mental rêve en permanence, mais si vous faites appel à votre imagination quelques instants, vous comprendrez ce que je m'efforce de vous expliquer. Quand vous regardez dans un miroir, vous y discernez de nombreux objets, mais vous savez que ce que vous voyez n'est que le reflet de la réalité. Ça a l'air d'être réel, ça ressemble à la vérité, sauf que ce n'est pas réel et ce n'est pas vrai. Si vous essayez de toucher les objets dans le miroir, vous ne ferez qu'en heurter la surface.

Ce que vous voyez dans la glace n'est qu'une *image* de la réalité ; autrement dit, c'est une réalité *virtuelle*, ce n'est qu'un rêve. Les êtres humains font exactement le même genre de rêve en ayant le cerveau éveillé. Pourquoi ? Parce que ce que vous voyez dans le miroir est une copie de la réalité que vous créez grâce aux capacités de vos yeux et de votre cerveau. C'est une *image* du monde, que vous construisez dans votre tête : c'est donc la façon dont votre mental perçoit la réalité. Ce qu'un chien voit dans un miroir correspond à sa façon à lui de percevoir la réalité. De même, ce qu'un aigle perçoit toujours dans cette même glace correspond à sa perception propre de la réalité, et diffère également de la vôtre.

Imaginez maintenant que vous regardiez dans vos yeux, et non plus dans un miroir. Vos yeux perçoivent la lumière que reflètent les millions d'objets extérieurs. Le soleil projette de la lumière sur le monde entier et chaque objet la réfléchit. Des milliards de rayons de lumière, provenant de partout, pénètrent dans vos yeux et y projettent l'image de ces objets. Vous croyez voir tous ces objets, mais la seule chose que vous voyiez *réellement*, c'est de la lumière réfléchie.

Tout ce que vous percevez n'est que le reflet de ce qui est réel, comme les reflets dans une glace, à une importante différence près. Derrière le miroir, il n'y a rien ; en revanche, derrière vos yeux se trouve un cerveau qui s'efforce de donner un sens à toute chose. Il interprète tout ce que vous percevez en fonction du sens que vous avez attribué à chaque symbole, en fonction de la structure de votre langue, et en accord avec toutes les connaissances qui ont été programmées dans votre esprit. Tout ce que vous percevez est donc filtré par la totalité de votre système de croyances. Votre rêve personnel est le résultat de cette interprétation de tout ce que vous percevez en fonction de tout ce que vous croyez. Voilà de quelle façon vous créez toute une réalité virtuelle dans votre tête.

Peut-être comprenez-vous maintenant à quel point il est facile pour les humains de déformer ce qu'ils perçoivent. La lumière produit une image parfaite de ce qui est réel, mais nous déformons cette image en nous inventant une histoire à l'aide des symboles et des opinions que nous avons accumulés. Nous en rêvons en imagination et, en fonction de nos accords, nous croyons que notre rêve est la vérité absolue, alors qu'il n'est qu'une vérité relative, un *reflet* de la vérité, qui sera toujours déformé par les connaissances stockées dans notre mémoire.

De nombreux maîtres ont dit que chaque esprit est un monde, et c'est la vérité. Le monde que nous croyons voir à l'extérieur se trouve en réalité *en nous*. Ce ne sont que des *images* dans notre imagination. Ce n'est qu'un *rêve*. Nous rêvons en permanence, comme on le savait non seulement au Mexique, chez les Toltèques, mais aussi en Grèce, à Rome, en Inde et en Égypte. Dans le monde entier, des gens ont affirmé : « La vie est un rêve. » D'où la question : en sommes-nous conscients ?

Quand on n'a pas conscience que l'esprit rêve en permanence, il est facile d'accuser les gens et les choses extérieures de toutes les déformations de notre rêve personnel, de tout ce qui nous fait souffrir dans la vie. Sitôt qu'on prend conscience qu'on vit un rêve dont on est l'artiste créateur, on franchit un pas très important dans son évolution, puisqu'on assume désormais la responsabilité de sa création. La prise de conscience que notre esprit rêve en permanence nous permet de changer notre rêve, si nous ne l'apprécions pas.

Qui rêve votre histoire ? C'est vous. Si vous n'aimez pas votre vie, si vous n'aimez pas ce que vous croyez à votre propos, il n'y a que vous qui puissiez changer cela. C'est votre monde, votre rêve. Si, par contre, vous appréciez votre rêve, c'est merveilleux ; continuez donc d'en profiter à chaque instant. Mais si votre rêve est un cauchemar, s'il est truffé de drames et de souffrance, et que vous n'appréciez pas votre création, vous pouvez en changer. Comme vous en avez certainement conscience, des millions de rêveurs dans le monde ont écrit des millions de livres, avec des points de vue différents. Votre histoire à vous est aussi intéressante que n'importe lequel de ces ouvrages. Elle l'est même davantage, puisque votre histoire continue d'évoluer. La façon dont vous rêviez à l'âge de 10 ans était totalement différente de votre manière de rêver à 15 ans, à 20 ou 30 ans, ou encore de vos rêves actuels.

L'histoire dont vous rêvez aujourd'hui n'est pas la même que celle que vous avez rêvée hier, ni même voici une demi-heure. Chaque fois que vous parlez de votre histoire, elle change en fonction de la personne à qui vous vous adressez, mais aussi en fonction de votre état physique et émotionnel et de vos croyances sur le moment. Même si vous tentiez de raconter la même histoire, elle changerait à chaque fois. À un certain stade, vous finissez par découvrir que ce n'est qu'une histoire. Ce n'est pas la réalité ; c'est une réalité virtuelle. Ce n'est rien qu'un rêve. Et c'est un rêve partagé, puisque tous les humains rêvent en même temps. Le rêve partagé de toute l'humanité, *le rêve de la planète*, existait avant même votre naissance, et c'est ainsi que vous avez appris à créer votre propre œuvre d'art, votre histoire à vous.

Le deuxième accord toltèque

« *Quoi qu'il arrive, n'en faites pas une affaire personnelle.* »

Utilisons donc la puissance de notre imagination pour créer ensemble un rêve, en sachant que c'en est un. Imaginez que vous êtes dans un immense centre commercial où se trouvent des centaines de cinémas. Vous regardez les affiches pour voir quels films passent et vous en remarquez une qui porte votre nom. Étonnant ! Vous entrez dans cette salle qui est vide, à l'exception d'une personne.

Tout doucement, pour ne pas la déranger, vous vous asseyez derrière elle : elle ne remarque même pas votre arrivée, car toute son attention est captivée par l'écran.

Vous regardez donc l'écran et – quelle surprise ! – vous en reconnaissez chacun des personnages : votre mère, votre père, vos frères et sœurs, vos amis, vos enfants, les êtres qui vous sont chers. Puis vous découvrez le personnage principal de ce film, et c'est vous ! Vous en êtes la star, puisqu'il raconte votre histoire. Quant à la personne qui est devant vous, c'est également vous, en train de vous voir jouer dans votre film. Bien sûr, le personnage principal est conforme à ce que vous croyez être, de même que tous les personnages secondaires, puisque vous connaissez votre propre histoire. Au bout d'un certain temps, vous vous sentez un peu submergé par tout ce que vous venez de voir et vous décidez de passer dans une autre salle.

Dans celle-ci se trouve également une seule personne en train de regarder un film, et elle ne perçoit pas davantage votre arrivée. Vous vous plongez dans le film dont vous reconnaissez également tous les personnages, sauf que vous-même n'y avez désormais qu'un rôle secondaire. Il s'agit cette fois de l'histoire de votre mère et c'est aussi elle qui est assise juste devant vous à regarder très attentivement son propre film. Vous vous rendez compte alors que votre mère n'est pas la même personne qui figurait dans votre film à vous. Dans son film à elle, sa façon de se projeter est totalement différente. C'est ainsi que votre mère voudrait que tout le monde la perçoive. Vous savez que ce n'est pas vrai. Elle ne fait que jouer un rôle. Puis, vous commencez à prendre conscience que c'est ainsi qu'elle se perçoit *elle-même*, et ça vous fait un choc.

Ensuite, vous constatez également que le personnage qui a votre visage n'est pas le même que celui qui figurait dans votre film. Vous vous dites alors, « Ah, ce n'est pas moi, ça ! », mais vous voyez désormais de quelle façon votre mère vous perçoit, ce qu'elle croit à votre sujet... Et c'est bien différent de ce que vous croyez vous-même à votre propos. Puis, vous voyez le personnage de votre père, la façon dont votre mère le perçoit et, là encore, cela ne correspond pas du tout à votre propre perception de lui. Vous trouvez cela complètement déformé, et c'est pareil pour tous les autres personnages. Vous voyez de quelle manière votre mère perçoit votre conjoint à vous, et cela vous énerve même un peu. « Comment ose-t-elle ! » Vous vous levez et vous sortez de cette salle.

Vous pénétrez dans une troisième salle, où se joue cette fois l'histoire de votre conjoint. Vous voyez maintenant de quelle façon il vous perçoit et son personnage est complètement différent de ce qu'il était dans votre propre film ou dans celui de votre mère. Vous découvrez également de quelle façon votre conjoint perçoit vos enfants, votre famille et vos amis. Vous voyez de quelle façon il souhaite se projeter, et ce n'est pas du tout ainsi que vous le percevez vous-même. Vous décidez alors de quitter cette salle et d'aller dans celle où passe le film de vos enfants. Vous y découvrez de quelle façon vos enfants vous voient, quel regard ils portent sur leur grand-père, leur grand-mère… et vous n'en revenez pas. Vous regardez ensuite les films de vos frères et sœurs, de vos amis, et vous constatez que tout le monde déforme tous les personnages de son propre film.

Après avoir vu tous ces films, vous décidez de revenir dans la première salle et de regarder à nouveau votre propre version. Vous vous regardez jouer dans votre film à vous, sauf que désormais vous ne croyez plus ce que vous voyez ; vous avez cessé de croire à votre histoire, parce que vous savez désormais que ce n'est justement qu'une histoire. Vous prenez désormais conscience de l'inutilité de tout ce numéro d'acteur que vous vous êtes efforcé de faire, votre vie durant, puisque personne ne vous perçoit comme vous le souhaitez. Vous vous rendez compte que tout ce qui se passe dans votre film échappe à ceux qui vous entourent. De toute évidence, chacun est concentré sur son propre film. La preuve : ils ne remarquent même pas que vous vous asseyez derrière eux dans leur salle ! Chaque acteur ne prête attention qu'à sa propre histoire, c'est donc la seule réalité dans laquelle il vit. Son attention est à ce point captée par sa propre histoire qu'il ne remarque même pas sa *propre* présence, la seule personne dans la salle qui regarde son film.

À ce moment-là, tout change pour vous. Plus rien n'est comme avant, parce que, désormais, vous voyez les choses telles qu'elles se passent vraiment. Les gens vivent dans leur monde, dans leur propre film, leur histoire à eux. Ils investissent toute leur foi dans cette histoire, qui est pour eux la vérité, mais ce n'est qu'une vérité relative, puisqu'elle n'est pas vraie pour vous. Dès lors, vous comprenez que leurs opinions à votre propos ne concernent que le personnage qui figure dans leur film, et non dans le vôtre. Autrement dit, la personne qu'ils jugent en votre nom n'est que le personnage qu'ils ont créé. Ce qui veut dire que ce que les autres pensent de vous ne s'applique en réalité qu'à l'image qu'ils se sont faite de vous, qui n'est pas vous.

À ce stade, il devient clair pour vous que les personnes que vous aimez le plus au monde ne vous connaissent pas, et que vous ne les connaissez pas davantage. Vous ne savez d'elles que ce que vous croyez à leur propos. Vous ne connaissez que l'image que vous vous en êtes faite, une image qui n'a rien à voir avec les personnes réelles. Vous croyiez bien connaître vos parents, votre conjoint, vos enfants et vos amis. Mais en réalité, vous n'avez pas la moindre idée de ce qui se passe dans leur monde, de ce qu'ils pensent, de ce qu'ils ressentent et de ce dont ils rêvent. Le plus surprenant, c'est que vous pensiez au moins vous connaître *vous-même*. Or, vous en concluez que vous ne vous connaissez même pas, car cela fait si longtemps que vous jouez un rôle que vous êtes devenu maître dans l'art de prétendre être quelqu'un d'autre.

Fort de cette conscience, vous réalisez à quel point il est ridicule de dire : « Mon bien-aimé ne me comprend pas. Personne ne me comprend. » C'est une évidence. Vous ne vous comprenez même pas vous-même. Votre personnalité ne cesse de changer d'un instant à l'autre, en fonction du rôle que vous adoptez, des personnages secondaires qui figurent dans votre histoire et de la façon dont vous rêvez sur le moment. À la maison, vous avez une certaine personnalité. Au travail, elle est complètement différente. Avec vos amies, votre personnalité est comme ceci ; avec vos amis, comme cela. Mais, durant toute votre vie, vous avez fait la supposition que les autres vous connaissaient très bien, et c'est pourquoi quand ils n'agissaient pas conformément à vos attentes, vous en faisiez une affaire personnelle, vous réagissiez avec colère et vous vous serviez de la parole pour déclencher de nombreux conflits et drames, tout cela pour rien.

Il vous est maintenant facile de comprendre pourquoi les humains entretiennent tant de conflits. Le monde est peuplé de milliards de rêveurs qui n'ont aucune conscience que les gens vivent dans leur propre univers, rêvant leur propre rêve. Du point de vue du personnage principal, qui est leur *seul et unique* point de vue, toute l'histoire gravite autour d'eux. Aussi, quand des personnages secondaires disent quelque chose qui contredit leur point de vue, ils se mettent en colère et s'efforcent de défendre leur position. Ils veulent que ces personnages secondaires se comportent comme ils le désirent, et quand ce n'est pas le cas, ils se sentent blessés. Quoi qu'il arrive, ils le prennent toujours personnellement. Fort de la conscience que vous avez désormais, vous entrevoyez également la solution, tant elle est simple et logique : *quoi qu'il arrive, n'en faites pas une affaire personnelle.*

La signification de ce deuxième accord toltèque est parfaitement claire. Il vous assure l'immunité dans vos interactions avec les personnages secondaires de votre histoire. Vous n'avez plus à vous soucier du point de vue d'autrui. Du moment que vous comprenez que rien de ce que disent ou font les autres n'a quoi que ce soit à voir avec vous, peu importe qu'ils médisent de vous, qu'ils vous fassent des reproches, vous rejettent ou ne soient pas d'accord avec votre point de vue. Tous ces commérages ne vous affectent plus. Vous ne prenez même plus la peine de défendre votre point de vue. Vous laissez les chiens aboyer, ce qu'ils ne manqueront pas de faire. Et alors ? Ce que disent les gens ne vous touche plus, car vous êtes désormais immunisé contre leurs opinions et leur poison émotionnel. Vous êtes immunisé contre les prédateurs, que ce soit les gens qui médisent pour blesser autrui ou ceux qui se servent des autres pour se faire du mal à eux-mêmes.

Quoi qu'il arrive, n'en faites pas une affaire personnelle est un outil magnifique à utiliser dans vos interactions quotidiennes, d'être humain à être humain. C'est une formidable voie d'accès à la liberté personnelle, puisque vous n'êtes plus obligé de régler votre vie sur l'opinion d'autrui. Voilà qui vous libère véritablement ! Vous pouvez faire ce que vous voulez, en sachant que vos agissements ne concernent que vous. La seule personne qui doit se soucier de votre histoire, c'est *vous*. Cette prise de conscience change tout. Rappelez-vous que la conscience de la vérité est la première étape de la maîtrise de soi, et que c'est précisément ce que vous faites en ce moment. Vous êtes en train de vous souvenir de la vérité.

Maintenant que vous avez compris cette vérité, maintenant que vous êtes conscient, comment pourriez-vous encore faire une affaire personnelle de quoi que ce soit ? Dès qu'on a compris que tous les humains vivent dans leur propre monde, dans leur propre film, leur propre rêve, le deuxième accord toltèque relève du bon sens le plus élémentaire : *quoi qu'il arrive, n'en faites pas une affaire personnelle.*

CHAPITRE 5

VÉRITÉ OU FICTION

Le troisième accord toltèque

« *Ne faites pas de suppositions.* »

Depuis des siècles, voire des millénaires, les hommes croient qu'un conflit fait rage dans l'esprit humain : un conflit entre le bien et le mal. Mais ce n'est pas vrai. Le bien et le mal ne sont que la résultante de ce conflit, qui oppose en *réalité* la vérité aux mensonges. On peut même dire que *tous* les conflits sont le résultat de mensonges, puisque la vérité est exempte de tout conflit. La vérité ne se prouve pas ; elle existe, que nous y croyions ou non. Les mensonges, en revanche, n'existent que si nous les créons et ne survivent que si nous y croyons. Les mensonges ne sont qu'une déformation de la parole, une distorsion du sens d'un message, et cette déformation se produit dans le reflet, c'est-à-dire dans le mental humain. Les mensonges ne sont pas réels – c'est nous qui les créons –, mais nous leur donnons vie et nous les rendons réels dans la réalité virtuelle du mental.

Mon grand-père me fit part de cette vérité toute simple alors que j'étais encore adolescent, mais il m'a fallu des années pour vraiment la comprendre, car je ne cessais de me demander : « Comment peut-on connaître la vérité ? » J'utilisais des symboles pour tenter de comprendre la vérité, alors que la vérité véritable, c'est que les symboles n'ont rien à voir avec la vérité. Cette dernière existait bien longtemps avant que les humains ne créent le moindre symbole.

En tant qu'artistes, nous déformons constamment la vérité à l'aide de symboles, mais là n'est pas le problème. Comme je l'ai dit auparavant, le problème, c'est que nous *croyons* cette déformation, car si certains mensonges sont innocents, d'autres sont mortels. Voyons un peu comment il est possible de se servir de la parole pour inventer une histoire, une *superstition*, à propos d'une chaise. Que savons-nous d'une chaise ? On peut dire qu'elle est faite en bois, en métal ou en tissu, mais nous ne faisons là qu'utiliser des symboles pour exprimer un point de vue. La vérité, c'est que nous ne savons pas vraiment ce qu'est cet objet. Cependant, nous pouvons faire usage de la parole, avec toute notre autorité, pour adresser un message aussi bien à nous-mêmes qu'à tous ceux qui nous entourent : « Cette chaise est moche. Je déteste cette chaise. »

Le message est déjà déformé, et cela ne fait que commencer. Nous pouvons également dire : « C'est une chaise stupide et je pense que toute personne qui s'assiéra dessus deviendra également stupide. Je pense que nous ferions mieux de détruire cette chaise, car si quelqu'un s'assied dessus et qu'elle se brise, il tombera et se cassera une hanche. Oh oui, cette chaise est damnée ! Promulguons une loi contre cette chaise, afin que chacun sache qu'elle représente un danger pour la société. À partir de maintenant, il est formellement interdit de s'approcher de cette maudite chaise ! »

Si nous délivrons ce message, quiconque le recevra et sera d'accord avec son contenu commencera à avoir peur de cette satanée chaise. Bientôt, des gens en seront tellement effrayés qu'ils en feront des cauchemars. Ils en seront obsédés et, bien sûr, ils devront détruire cette chaise avant qu'elle ne les détruise.

Vous voyez ce qu'on peut faire avec la parole ? La chaise n'est qu'un objet. Elle existe, et ça, c'est la vérité. Par contre, l'histoire que nous inventons à son propos n'est pas vraie ; ce n'est qu'une superstition. C'est un message déformé, et ce message-là est un mensonge. Tant que nous ne le croyons pas, cela ne pose pas de problème. En revanche, si nous y croyons et que nous essayons de l'imposer à autrui, cela peut effectivement faire du *mal*. Bien sûr, ce qu'on nomme le *mal* comporte de nombreux niveaux, en fonction de notre pouvoir personnel. Certaines personnes peuvent entraîner le monde entier dans une grande guerre qui fera des millions de morts. Il y a sur cette planète des tyrans qui envahissent d'autres pays et détruisent leur population parce qu'ils croient à des mensonges.

À ce stade, on comprend facilement pourquoi il existe un conflit dans le mental humain, et seulement dans le mental *humain* – dans la réalité virtuelle – puisqu'il n'existe pas dans le reste de la nature. Des milliards d'êtres humains déforment tous ces symboles dans leur tête et délivrent des messages déformés. Voilà ce qui est arrivé à l'humanité. Voilà qui explique pourquoi il y a des guerres, pourquoi il y a des injustices et des abus, pourquoi ce cauchemar que l'on nomme *l'enfer* existe dans le monde des humains. L'enfer n'est rien d'autre qu'un rêve truffé de mensonges.

Rappelez-vous : c'est ce que nous croyons qui contrôle notre rêve, or ce que nous croyons peut aussi bien être la vérité qu'une fiction. La vérité nous conduit à l'authenticité, au bonheur. Les mensonges imposent des limitations à notre existence et entraînent des souffrances et des drames. Quiconque croit à la vérité vit au paradis. Quiconque croit aux mensonges finit tôt ou tard en enfer. Il n'est pas nécessaire de mourir pour aller au paradis ou en enfer. Le paradis est tout autour de nous, tout comme l'enfer. Le paradis est un point de vue, un état d'esprit, et il en va de même pour l'enfer. De toute évidence, ce sont les mensonges qui dirigent le spectacle qui se déroule dans notre tête. Les humains commencent par créer des mensonges, puis ceux-ci contrôlent à leur tour les humains. Mais, tôt ou tard, la vérité éclate et les mensonges ne peuvent survivre en sa présence.

Il y a à peine quelques siècles, les gens croyaient que la Terre était plate. À une autre époque, on disait que c'était des éléphants qui soutenaient le globe, et ça rassurait certaines personnes. « Bien, nous savons maintenant que la Terre est plate. » Eh bien, nous savons aujourd'hui qu'elle ne l'est pas ! La croyance que la Terre était plate passait pour une vérité, et pratiquement tout le monde était d'accord sur ce point, mais était-ce plus vrai pour autant ?

L'un des plus grands mensonges que l'on entend aujourd'hui est celui-ci : « Personne n'est parfait. » Voilà une merveilleuse excuse à tous nos comportements, et presque tout le monde est d'accord à ce sujet, mais est-ce vrai pour autant ? Bien au contraire, chaque être humain en ce monde est parfait, mais à force d'entendre ce mensonge depuis que nous sommes tout petits, nous ne cessons de nous juger en nous comparant à une *image* de perfection. Nous sommes constamment en quête de perfection, et cette quête nous montre que tout est parfait,... sauf les humains. Le soleil est parfait, les étoiles sont parfaites, les planètes aussi, mais s'agissant des êtres humains, « personne n'est parfait ». En vérité, tout est parfait dans la création, y compris les humains.

Si nous n'avons pas conscience de cette vérité, c'est que nous sommes aveuglés par un mensonge.

Sans doute allez-vous me dire : « Qu'en est-il d'un handicapé physique ? Est-il parfait ? » Eh bien, d'après votre savoir, cette personne est sans doute imparfaite, mais votre savoir représente-t-il la vérité ? Qui a dit que ce que nous nommons *handicap* ou *maladie* n'était pas parfait ?

Tout ce qui nous concerne est parfait, y compris les maladies ou les handicaps dont nous pouvons souffrir. Celui qui souffre d'une difficulté d'apprentissage est parfait ; celle à qui il manque un doigt, un bras ou une oreille est parfaite ; un individu malade est parfait. Seule la perfection existe, et cette prise de conscience représente une étape importante dans notre évolution. Dire autre chose signifie ne pas avoir conscience de qui nous sommes. Et il ne suffit pas de *dire* que nous sommes parfaits ; nous devons aussi le *croire*. Si nous nous croyons imparfaits, ce mensonge en attire d'autres pour le renforcer et, ensemble, tous ces mensonges repoussent la vérité et façonnent le rêve que nous nous créons. Les mensonges ne sont que des superstitions et je peux vous garantir que nous vivons dans un monde de superstitions. Mais, une fois encore, en avons-nous conscience ?

Imaginez que vous vous réveillez demain matin en Europe, au XIVe siècle, en sachant ce que vous savez aujourd'hui et en ayant vos croyances actuelles. Imaginez un instant ce que les gens de cette époque pourraient penser de vous, comment ils vous jugeraient. Ils vous feraient un procès si vous preniez simplement un bain par jour.

Chacune de vos propres croyances menacerait les leurs. Combien de temps s'écoulerait-il avant qu'ils ne vous accusent de sorcellerie ? Ils vous torturaient, ils vous feraient confesser vos actes de sorcellerie et finiraient par vous tuer, par peur de vos croyances. Il vous est facile de comprendre aujourd'hui que ces gens passaient toute leur vie plongés dans des superstitions. Pratiquement rien de ce qu'ils croyaient n'était vrai, comme vous pouvez le constater d'après ce que vous savez aujourd'hui. Mais ces personnes n'avaient pas conscience d'être superstitieuses. Leur mode de vie leur semblait tout à fait normal ; elles étaient ignorantes, parce qu'on ne leur avait jamais appris autre chose.

Alors, il se pourrait que ce que vous croyez à votre propos soit tout aussi truffé de superstitions que les croyances de ces personnes d'autrefois. Imaginez un instant que les humains du futur, dans sept ou huit siècles, puissent voir ce que la majorité d'entre nous pensent d'eux-mêmes aujourd'hui. Les relations que la plupart des humains entretiennent avec leur corps sont encore barbares, bien qu'à un moindre degré qu'il y a sept siècles. Notre corps est parfaitement loyal envers nous, mais nous le jugeons et nous en abusons ; nous le traitons davantage comme un ennemi que comme un allié. Notre société accorde beaucoup d'importance à la séduction et nous invite à ressembler aux images que nous voyons dans les médias : à la télévision, au cinéma et dans les magazines de mode. Si l'on ne se juge pas assez séduisant, comparé à ces images-là, c'est qu'on croit un mensonge, qu'on utilise la parole contre soi-même, contre la vérité.

Les personnes qui contrôlent les médias nous disent que croire, comment nous vêtir, que manger, nous manipulant comme des marionnettes, comme elles le souhaitent. Si elles veulent que nous détestions quelqu'un, elles répandent des rumeurs à son sujet et ces mensonges fonctionnent à merveille. Quand on arrête d'être une marionnette, il devient soudain évident que notre vie a été manipulée jusque-là par des mensonges et des superstitions. Imaginez ce que les humains du futur penseraient de nos superstitions actuelles s'ils nous rendaient visite aujourd'hui. S'ils croient à la perfection de toute chose, dans la création, y compris de chaque être humain, allons-nous les crucifier pour leurs croyances ?

Qu'est-ce qui est vrai et qu'est-ce qui est mensonger ? Une fois encore, la conscience est très importante, parce que la vérité ne s'exprime pas par des mots ni sous forme de connaissances. Les mensonges, si, et il en existe des milliards. Si les humains en croient tellement, c'est parce qu'ils ne sont pas conscients. Nous ignorons la vérité, ou alors nous ne la voyons pas. Une fois que nous avons été domestiqués, nous accumulons beaucoup de connaissances qui forment comme une espèce de mur de brouillard qui nous empêche de percevoir la réalité, ce qui *est* vraiment. Nous ne voyons que ce que nous voulons voir ; nous n'entendons que ce que nous voulons entendre.

Notre système de croyances est comme un miroir qui ne nous montre que ce que nous croyons.

Au cours de notre développement, à mesure que nous grandissons, nous apprenons tant de mensonges que toute cette structure mensongère devient extrêmement compliquée. Et nous la rendons encore plus compliquée parce que nous *pensons* et que nous *croyons* ce que nous pensons. Nous supposons que ce que nous croyons est la vérité absolue et nous ne nous arrêtons pas une minute pour envisager que notre vérité ne soit que relative, virtuelle. En général, nos croyances ne sont même pas l'ombre de la vérité, mais c'est le mieux que nous puissions faire, à défaut d'être conscients.

Le troisième accord toltèque

« Ne faites pas de suppositions. »

Ce qui nous conduit au troisième accord toltèque : *ne faites pas de suppositions*. Faire des suppositions, c'est chercher les ennuis, puisque la plupart d'entre elles ne sont pas vraies : ce ne sont que des fictions. L'une des plus grandes suppositions que nous fassions est que tout ce qui se trouve dans notre réalité virtuelle est vrai. Une autre, que tout ce qui figure dans la réalité virtuelle d'autrui est aussi vrai. Eh bien, vous savez désormais qu'aucune de ces réalités virtuelles n'est la vérité !

Grâce à la conscience, on peut facilement voir toutes les suppositions qu'on fait et combien il est facile d'en faire. Les humains ont une imagination puissante, très puissante, et il y a tant d'idées et d'histoires à inventer. Nous écoutons les symboles parler dans notre tête. Nous nous mettons à imaginer ce que font les autres, à quoi ils pensent, ce qu'ils disent de nous, et nous élaborons ainsi un rêve dans notre imagination. Nous inventons ainsi une histoire qui n'est vraie que pour nous, mais nous y croyons. Une supposition en entraînant une autre, nous tirons des conclusions et nous faisons ensuite une affaire personnelle de l'histoire que nous avons inventée. Puis, nous incriminons autrui et nous nous mettons généralement à médire des autres pour justifier nos suppositions. Bien sûr, ces commérages contribuent à déformer encore plus le message.

Faire des suppositions puis en faire une affaire personnelle : voilà comment l'enfer se développe dans ce monde. La plupart de nos conflits découlent de cela et il est facile de comprendre pourquoi. Une supposition n'est rien d'autre qu'un mensonge qu'on se raconte à soi-même. Cela crée tout un drame pour rien, puisqu'on ne sait pas si les choses sont vraies ou non. Faire des suppositions, c'est se chercher des ennuis quand on n'en a pas. Et si quelqu'un d'autre a des ennuis dans sa propre histoire, qu'est-ce que ça peut faire ? Ce n'est pas votre histoire ; c'est la sienne.

Prenez conscience que la plupart des choses que vous vous dites ne sont que des suppositions. Si vous êtes parent, vous savez combien il est facile de faire des suppositions à propos de vos enfants. Il est minuit et votre fille n'est pas encore rentrée à la maison. Elle est sortie danser et vous pensiez qu'à cette heure-ci elle serait déjà de retour. Vous commencez alors à imaginer le pire, vous faites des suppositions : « Oh, et s'il lui était arrivé quelque chose ? Je ferais peut-être mieux d'appeler la police. » Il y a tant de possibilités à imaginer ! Vous vous inventez tout un scénario catastrophe. Dix minutes plus tard, votre fille rentre à la maison en arborant un grand sourire. Quand la vérité éclate et que tous les mensonges sont dissipés, vous comprenez que vous vous êtes torturé les méninges pour rien. *Ne faites pas de suppositions.*

Si le fait de ne rien prendre personnellement vous assure l'immunité dans vos interactions avec autrui, ne pas faire de suppositions vous immunise dans vos interactions avec vous-même, avec la voix de la connaissance ou ce que nous nommons la *pensée*. L'habitude de faire des suppositions est directement liée à notre manière de penser. Nous pensons trop et la pensée se mue en suppositions. Le seul fait de se demander « Et si… ? » peut nous attirer bien des ennuis. Chacun d'entre nous peut beaucoup penser et la réflexion éveille des peurs. Nous n'avons aucun contrôle sur toutes ces pensées, sur tous ces symboles que nous déformons dans notre tête. Si nous arrêtons tout simplement de penser, nous cessons de vouloir expliquer les choses, ce qui nous empêche de faire des suppositions.

Les humains éprouvent le besoin d'expliquer et de justifier toute chose ; nous avons besoin d'avoir des connaissances et nous faisons des suppositions pour satisfaire ce besoin de *savoir*. Peu nous importe que ces connaissances soient vraies ou non. Qu'il s'agisse de vérité ou de fiction, nous y croyons à 100 % et nous continuons de le faire, parce que la seule possession de connaissances nous procure une certaine sécurité. Il y a tant de choses que le mental humain ne peut expliquer ; il nous reste tant de questions qui attendent une réponse. Mais au lieu de poser des questions, quand nous ignorons quelque chose, nous faisons toutes sortes de suppositions. Quand on pose des questions, on élimine tout besoin de faire des suppositions. Il est donc toujours préférable de demander, de questionner et d'être au clair.

Quand on ne fait pas de suppositions, on peut fixer son attention sur la vérité, au lieu de la laisser être captée par ce que nous *croyons* être la vérité. On voit alors la vie telle qu'elle est et non telle qu'on voudrait la voir. Comme nous le verrons, sitôt que nous ne croyons plus à nos propres suppositions, tout le pouvoir que nous investissons dans ces croyances nous est restitué. Nous récupérons alors toute l'énergie utilisée jusque-là pour faire des suppositions, que nous pouvons employer pour nous forger un nouveau rêve : notre paradis personnel. *Ne faites pas de suppositions.*

CHAPITRE 6

LE POUVOIR DES CROYANCES

Le symbole du Père Noël

À une certaine époque, le pouvoir des croyances était totalement entre vos mains. Mais après avoir été éduqué jusqu'à faire partie intégrante de l'humanité, le pouvoir que vous aviez sur vos croyances s'est transféré à tous les symboles que vous avez appris, au point que ce sont ces symboles qui ont pris le pouvoir sur vous. En vérité, le pouvoir de vos croyances s'est transmis à *tout* ce que vous savez et depuis ce sont vos connaissances qui dirigent votre vie. De toute évidence, quand on est petit, on est submergé par la puissance des croyances de tout le monde. Les symboles sont une invention merveilleuse, mais quand on nous les fait découvrir, les opinions et les croyances sont déjà là. Nous assimilons ainsi chacune de ces opinions sans nous demander si elle est vraie ou pas. Or le problème, c'est que quand nous sommes enfin parvenus à maîtriser une langue, avec toutes les opinions qui parviennent à nos oreilles au cours de notre éducation, les symboles ont déjà absorbé tout le pouvoir de nos croyances.

En soi, cela n'est ni bon ou mauvais, ni juste ou faux. C'est simplement comme ça que ça se passe, et ça nous arrive à tous. Nous apprenons à devenir membres de notre société. Nous apprenons donc une langue, une religion ou une philosophie, nous assimilons une certaine manière d'être, et nous structurons tout notre système de croyances en fonction de ce qu'on nous dit. Nous n'avons aucune raison de douter de ce que les autres nous disent, jusqu'au moment où nous connaissons notre premier grand chagrin, quand nous découvrons qu'une des choses qui nous ont été dites n'est pas vraie.

En effet, nous allons à l'école et nous entendons un jour ce que disent les enfants plus âgés que nous. Faisant allusion à nous, ils disent : « Tu vois ce gamin ? Il croit encore au Père Noël ! » Tôt ou tard, nous finissons par découvrir que le Père Noël n'existe pas. Vous rappelez-vous quelle a été votre réaction, ce que vous avez *ressenti* quand vous avez découvert que l'histoire du Père Noël n'était pas vraie ? Je ne pense pas que vos parents étaient animés de mauvaises intentions. Croire au Père Noël est une tradition merveilleuse pour des millions de gens. Les paroles d'une chanson américaine décrivent d'ailleurs ce qu'on nous dit à propos de ce symbole qu'on nomme le *Père Noël* : « Tu as intérêt à faire attention, tu as intérêt à ne pas crier et à ne pas faire la moue, je vais te dire pourquoi. Le Père Noël arrive en ville ! » On nous raconte que le Père Noël sait tout ce que nous faisons ou ne faisons pas ; qu'il sait si nous avons été bons ou méchants, qu'il a même noté les fois où nous ne nous sommes pas lavé les dents. Et nous y *croyons*.

Arrive Noël, et nous observons de grandes différences entre les cadeaux que reçoivent les enfants. Imaginons que vous ayez demandé une bicyclette au Père Noël et que vous ayez été gentil toute l'année. Mais votre famille est très pauvre. Vous ouvrez vos cadeaux et il n'y a pas de bicyclette. Votre petit voisin, qui s'est très mal comporté – et vous savez ce que signifie *très mal* – reçoit, lui, une bicyclette. Vous vous dites alors : « J'ai été gentil, le voisin d'à côté a été méchant : comment se fait-il que je ne reçoive pas ma bicyclette ? Si le Père Noël sait tout ce que je fais, il sait certainement aussi ce qu'a fait mon voisin. Alors, pourquoi apporte-t-il ce vélo à mon voisin et pas à moi ? »

C'est tout simplement injuste et vous ne comprenez pas pourquoi. Votre réaction émotionnelle prend la forme d'envie, de colère et même de tristesse. Vous voyez le petit garçon d'à côté faire joyeusement du vélo dans le quartier et vous avez envie d'aller lui taper dessus et de démolir sa bicyclette. Vous percevez cela comme une *injustice*. Ce sentiment d'injustice découle du fait que vous avez cru à un mensonge. Ce n'est qu'un mensonge innocent, animé d'aucune mauvaise intention, bien entendu, mais vous y avez *cru*, c'est pourquoi vous concluez désormais l'accord suivant avec vous-même : « À l'avenir, je ne serai plus gentil. Je me comporterai mal, comme mon voisin. » Plus tard, vous découvrez que le Père Noël n'existe pas, qu'il n'est pas réel. Mais c'est trop tard. Vous avez déjà émis tout ce poison émotionnel. Vous avez déjà connu la colère, la jalousie et la tristesse. Vous avez déjà souffert pour avoir conclu un accord fondé sur un mensonge.

Ce n'est là qu'un exemple de la façon dont nous investissons notre foi dans un symbole. Or il existe des centaines, voire des milliers de symboles, d'histoires et de superstitions qui nous sont transmis. Le symbole du Père Noël souligne que le seul fait de croire à un mensonge innocent peut provoquer des émotions qui s'apparenteront à un feu qui nous dévorera de l'intérieur. Ces émotions ressemblent à du poison – elles nous font mal, elles font du mal à notre corps – et nous souffrons donc à cause d'une histoire qui n'est même pas réelle. Les émotions, elles, sont réelles ; elles font partie de la vérité, même si la raison pour laquelle nous les ressentons n'est pas réelle. Ce n'est pas la vérité ; ce n'est qu'une fiction.

Si vous vous demandez parfois pourquoi vous vous sentez si mal, c'est parce que vous vous racontez une histoire qui n'est pas vraie, mais à laquelle vous croyez. La vérité, c'est que votre rêve est déformé. Cela n'est en soi ni bon ou mauvais, ni juste ou faux, car cela arrive à des milliards d'autres personnes. Vous n'êtes pas le seul à vous trouver dans cette situation, ce qui est une bonne nouvelle.

Si le monde des symboles est aussi puissant, c'est parce que nous conférons du pouvoir à chaque symbole grâce à cette force qui émane du tréfonds de notre être, cette force qu'on nomme *vie, foi* ou *intention*. Nous ne voyons même pas ce phénomène se produire, mais ensemble, tous ces symboles finissent par former une structure liée par des accords, qu'on appelle un *système de croyances*. De la moindre lettre à un mot, d'une simple histoire à une philosophie tout entière, tout ce que nous avons accepté de croire s'ajoute à cette structure.

Notre système de croyances donne forme et structure à notre réalité virtuelle et, à chaque accord que nous concluons, cette structure gagne en force et en puissance, jusqu'à devenir pratiquement aussi rigide qu'un édifice en briques. Si nous considérons chaque symbole, chaque concept et chaque accord comme une brique, notre foi est le mortier qui les tient toutes ensemble. Tout en continuant d'apprendre, durant toute notre vie, nous mélangeons ces symboles de multiples manières et les concepts interagissent entre eux pour en créer d'autres encore plus complexes. La pensée abstraite s'organise de manière toujours plus compliquée, et notre structure mentale continue de grandir et de grandir encore, jusqu'à ce que nous possédions un ensemble fait de tout ce que nous savons.

Cette structure est ce que les Toltèques nomment la *forme humaine*. Ce n'est pas la forme de notre corps physique ; c'est celle qu'adopte notre mental. C'est la structure des croyances que nous cultivons à notre sujet et à propos de tout ce qui nous aide à donner sens à notre rêve. C'est la forme humaine qui nous confère notre identité, mais il ne faut pas la confondre avec la structure du rêve. La structure du rêve est le monde matériel tel qu'il est, c'est-à-dire la vérité. La forme humaine est notre système de croyances avec toutes ses composantes de jugement. Tout ce qui figure dans ce système de croyances est notre vérité personnelle, et nous jugeons tout à l'aune de ces croyances, même quand elles vont à l'encontre de notre nature intérieure.

Au cours du processus de domestication, notre système de croyances devient le *livre de la loi* qui gouverne notre vie. Quand nous nous conformons aux règles de notre livre de la loi, nous nous récompensons ; dans le cas inverse, nous nous punissons. Notre système de croyances devient donc notre grand juge intérieur, mais aussi notre plus grande victime, puisqu'il commence par nous juger, puis nous punir. Ce grand juge est constitué de symboles et il utilise donc ceux-ci pour juger tout ce que nous percevons, y compris les symboles eux-mêmes ! La victime représente la partie de nous qui est jugée et qui subit ensuite la punition. Et dans nos interactions avec le rêve extérieur, nous jugeons et punissons chaque être et chaque chose en fonction de notre livre de la loi personnel.

Le grand juge fait son travail à la perfection, bien sûr, puisque nous avons donné notre accord à toutes ces lois. Le problème, c'est que notre système de croyances finit par prendre vie en nous et retourne nos connaissances contre nous. Il utilise tout ce que nous savons, toutes les règles qui précisent comment nous devons vivre notre vie, pour punir la victime qui est humaine. Il se sert de notre langage pour nous juger, pour nous rejeter, nous culpabiliser et nous faire honte. Il abuse de nous verbalement et nous rend malheureux en créant nos démons personnels et notre rêve de l'enfer personnel. Nous avons tant de symboles à disposition pour dire la même chose.

Le système de croyances gouverne l'existence humaine comme un tyran. Il nous prive de notre liberté et nous réduit en esclavage. Il prend le contrôle de notre moi *réel*, de la vie humaine, alors que lui-même n'est pas réel ! Notre vrai moi demeure caché quelque part dans notre esprit, et ce qui contrôle notre esprit, à ce stade, c'est tout ce que nous savons, tout ce à quoi nous avons donné notre accord, tout ce que nous croyons. Le corps humain, qui est magnifique et parfait, devient alors la victime de tous ces jugements et de toutes ces punitions ; il n'est plus qu'un véhicule dans lequel l'esprit se projette pour agir.

Le système de croyances se trouve au niveau du mental ; on ne peut ni le voir ni le mesurer, mais on sait qu'il existe. Ce que nous avons sans doute oublié, c'est que cette structure n'existe que parce que nous la créons. Notre création nous est complètement liée ; elle nous suit où que nous allions. Cela fait si longtemps que nous vivons comme ça que nous ne remarquons même plus que nous fonctionnons à l'intérieur de cette structure. Et bien que le mental ne soit pas réel – il est virtuel –, il représente également le *pouvoir total,* puisqu'il est également créé par la vie.

Une composante très importante de la maîtrise de l'attention consiste donc à prendre conscience de notre création, à devenir conscient qu'elle est vivante. Chacune de nos croyances, de la plus petite (comme le son d'une lettre) à une philosophie tout entière, puise dans notre force vitale pour survivre. Si nous parvenions à voir notre mental à l'œuvre, nous verrions des millions de formes de vie, et nous constaterions également que nous donnons vie à notre création en lui accordant le pouvoir de notre foi et toute notre attention. Nous utilisons notre force de vie pour soutenir cette structure. Sans nous, ces idées ne pourraient pas exister ; sans nous, toute la structure s'effondrerait.

Grâce au pouvoir de notre imagination, nous pouvons voir la création de notre « mythologie personnelle », la construction de notre système de croyances et le point à partir duquel nous avons investi notre foi dans des mensonges. Au cours de cette construction – de tous ces apprentissages que nous avons faits – de nombreux concepts sont entrés en contradiction les uns avec les autres. Nous construisons tant de rêves différents, nous édifions tant de structures, qu'ils s'opposent les uns aux autres et annulent la puissance de notre parole. À ce stade, notre parole ne pèse pratiquement plus rien, car quand deux forces agissent dans des directions contraires, leur résultante donne zéro. En revanche, quand une seule force s'exerce dans une seule direction, son pouvoir est immense, et nos intentions se manifestent alors simplement parce que nous les avons exprimées, car notre parole dispose cette fois de toute la puissance de notre foi.

Quand nous sommes enfants, nous investissons notre foi dans pratiquement tout ce que nous apprenons, et c'est ainsi que nous perdons tout pouvoir sur notre vie. Parvenus à l'âge adulte, notre foi a déjà été absorbée par tant de mensonges qu'il ne nous reste pratiquement plus aucun pouvoir pour forger le rêve que nous désirons. Notre système de croyances s'est approprié toute la puissance de notre foi, aussi nous reste-t-il au final zéro foi et zéro pouvoir. Or, s'il est facile de voir comment nous investissons notre foi dans un symbole comme le Père Noël, il est beaucoup plus difficile d'observer que nous faisons la même chose avec pratiquement tous les symboles, toutes les histoires et toutes les opinions que les autres expriment à notre sujet, comme à propos de n'importe quoi.

Je crois que c'est quelque chose de très important à comprendre, et la seule façon de le comprendre, c'est de prendre conscience que c'est précisément ce que nous faisons. Si nous développons la conscience que nous insufflons notre pouvoir personnel dans tout ce que nous croyons, il nous sera sans doute plus facile de soustraire notre pouvoir à tous ces symboles, qui n'auront dès lors plus aucune emprise sur nous. Si nous reprenons le pouvoir que nous leur avons donné, les symboles redeviendront juste des symboles. Ils obéiront alors à leur créateur, c'est-à-dire à notre moi *réel*, et ils rempliront dès lors leur fonction *réelle* : être un outil au service de notre communication.

Quand nous découvrons que le Père Noël n'existe pas, nous cessons d'y croire et le pouvoir que nous avons investi dans ce symbole nous est restitué. C'est à ce moment-là que nous prenons conscience d'avoir donné notre accord à cette croyance au Père Noël.

Quand nous recouvrons conscience, nous constatons que c'est nous qui avons donné notre accord à toute cette symbologie. Or, si c'est nous qui avons mis toute la puissance de notre foi dans chaque symbole, il n'y a que nous qui puissions reprendre ce pouvoir.

Si nous développons cette conscience-là, je pense que nous pouvons récupérer le pouvoir que nous avons sur tout ce en quoi nous croyons et ainsi ne plus jamais perdre le contrôle de notre propre création. Le fait de constater que c'est nous qui créons la structure de nos croyances nous aide à retrouver foi en nous-mêmes. Et à partir du moment où on a foi en soi-même et non plus en un système de croyances, on n'a plus aucun doute quant à l'origine de ce pouvoir et on peut alors démanteler cette structure.

Une fois que la structure de notre système de croyances a disparu, on devient très souple. On peut créer tout ce qu'on veut ; on peut faire tout ce qui nous chante. **On peut investir sa foi dans ce en quoi on a envie de croire**. C'est notre choix. Si l'on cesse de croire à tout ce qui nous faisait souffrir, alors, comme par magie, notre souffrance disparaît. Pour cela, nous n'avons pas besoin de penser beaucoup ; nous avons besoin d'agir. C'est l'action qui fait toute la différence.

CHAPITRE 7

LA PRATIQUE CONDUIT À LA MAÎTRISE

Le quatrième accord toltèque

« *Faites toujours de votre mieux.* »

Une fois que vous êtes prêt à changer de vie et que vous êtes disposé à modifier vos accords, ce qu'il y a de plus important, c'est la conscience. Vous ne pouvez pas changer d'accords si vous n'êtes pas conscient de ce que vous aimez et de ce que vous n'aimez pas. Comment pouvez-vous modifier quoi que ce soit, si vous ne savez même pas ce que vous désirez changer ? Mais il ne s'agit pas seulement d'être conscient. C'est la pratique, l'entraînement, qui change tout, car ce n'est pas parce que vous êtes conscient que votre vie va nécessairement évoluer.

Le changement est la conséquence de l'action ; c'est la résultante de la pratique. C'est la pratique qui conduit à la maîtrise.

Tout ce que vous avez jamais appris, c'est à la répétition et à la pratique que vous le devez. Vous avez appris à marcher, à parler et même à écrire, à force de répétition. Si vous êtes maître dans l'art de parler votre langue, c'est parce que vous vous y êtes entraîné. C'est aussi de cette façon-là que vous avez acquis toutes les croyances qui gouvernent votre vie : par la pratique. Votre mode de vie actuel est donc le résultat de nombreuses années d'entraînement.

Durant toute votre vie, vous vous êtes entraîné à chaque instant à devenir ce que vous croyez être aujourd'hui. Vous l'avez fait jusqu'à ce que ça devienne automatique. Donc, si vous démarrez un nouvel entraînement, si vous changez ce que vous croyez être, c'est toute votre vie qui va changer. Si vous vous entraînez à *avoir une parole impeccable*, si, *quoi qu'il arrive, vous n'en faites pas une affaire personnelle*, si *vous ne faites pas de suppositions,* vous allez progressivement briser les milliers d'accords qui vous maintiennent prisonnier de votre rêve infernal. Bientôt, les croyances auxquelles vous donnerez votre accord seront le choix de votre moi *authentique*, et non plus celui de *l'image* de vous que vous croyiez être.

Le premier accord toltèque, *que votre parole soit impeccable*, est tout ce dont vous avez besoin pour vous forger une vie magnifique. Il vous donnera accès au paradis, mais vous aurez peut-être besoin de quelques soutiens à cet accord. Quand, *quoi qu'il arrive, vous n'en faites pas une affaire personnelle,* quand *vous ne faites pas de suppositions,* vous imaginez bien qu'il est plus facile d'avoir une parole impeccable. Quand vous ne faites pas de suppositions, il est plus facile de ne rien prendre personnellement, et *vice versa.* Quand vous ne prenez plus rien personnellement et quand vous ne faites plus de suppositions, vous renforcez le premier accord.

Les trois premiers accords toltèques peuvent sembler difficiles à tenir. Ils peuvent même paraître impossibles. Eh bien, croyez-moi, ils n'ont rien d'impossible, même si je conviens qu'ils sont difficiles, puisque nous nous sommes entraînés à faire exactement l'inverse. Durant toute notre vie, nous sommes accoutumés à croire la voix qui s'exprime dans notre tête. C'est pour cela qu'il y a le quatrième accord, qui est facile. C'est celui qui rend tout le reste possible : *faites toujours de votre mieux.* Vous pouvez effectivement faire de notre mieux, un point c'est tout. Ni plus, ni moins. Faites simplement de votre mieux. *Faites-le.* Passez à l'action. Comment pouvez-vous faire de votre mieux, si vous n'agissez pas ?

Faites toujours de votre mieux est un accord que tout le monde peut tenir. Il n'y a d'ailleurs que votre mieux que vous *puissiez* faire. Et faire de son mieux, cela ne veut pas dire qu'on donne parfois 80 % de soi, et parfois 20 % seulement. On se donne toujours à 100 % – c'est toujours notre intention – sauf que notre mieux change tout le temps. D'un moment à l'autre, on n'est jamais le même. On est vivant, on change tout le temps, de sorte que notre mieux change lui aussi d'un instant à l'autre.

Votre mieux est différent selon que vous êtes physiquement fatigué ou en forme. Il change aussi en fonction de votre état émotionnel. Votre mieux va évoluer, et à mesure que vous pratiquerez les quatre accords toltèques, vous le verrez s'améliorer.

C'est le quatrième accord qui permet aux trois autres de devenir des habitudes bien ancrées. C'est la répétition et la pratique qui vous conduiront à la maîtrise, mais ne vous attendez pas à maîtriser immédiatement ces accords. N'imaginez pas que votre parole sera tout de suite impeccable, que vous ne prendrez plus rien personnellement ou encore que vous ne ferez plus de suppositions. Vos habitudes sont trop puissantes et trop bien ancrées dans votre esprit. Faites simplement de votre mieux.

Si vous brisez l'un de ces accords, concluez-le à nouveau. Recommencez le lendemain, et recommencez encore le jour suivant. Entraînez-vous et entraînez-vous encore. Chaque jour cela deviendra un peu plus facile. En faisant de votre mieux, l'habitude de mal utiliser la parole, de prendre les choses personnellement et de faire des suppositions va s'affaiblir et sera de moins en moins fréquente. Si vous agissez continuellement pour modifier vos habitudes, vous les verrez changer.

Un jour viendra où ces quatre accords seront devenus à leur tour une habitude. Vous n'aurez même plus besoin de faire d'effort. Ce sera automatique. Un jour, vous constaterez que ce sont les quatre accords toltèques qui gouvernent votre vie. Vous imaginez la vie qui sera la vôtre quand ces quatre accords seront devenus une habitude ? Au lieu de vous débattre continuellement dans les conflits et les drames, elle sera très facile !

Puisque vous allez de toute façon créer quelque chose, puisque vous ne pouvez pas éviter de rêver, pourquoi ne pas en profiter pour créer un rêve magnifique ? Vous avez un esprit, vous percevez la lumière, vous allez donc rêver. Si vous faites le choix de ne rien créer du tout, vous allez vous ennuyer et le grand juge va vouloir contrer cet ennui. Alors, bien sûr, il vous jugera en fonction de ce que vous croyez. « Oh, tu es paresseux. Tu devrais faire quelque chose de ta vie. » Alors, pourquoi ne pas rêver d'une manière agréable et profiter pleinement de votre rêve ? Si vous êtes capable de croire en vos limites, pourquoi ne pas croire en la beauté et la puissance de la vie, qui se manifestent à travers vous ?

La vie vous donne tout, et tout ce qu'elle vous donne peut devenir un plaisir. Pourquoi ne pas croire en la générosité de la vie ? Pourquoi ne pas apprendre à être bon et généreux envers vous-même ? Si cela vous rend heureux, et si vous êtes bon envers tout le monde, pourquoi pas ? Si vous vous transformez sans cesse – si votre rêve se modifie, même quand vous ne le voulez pas – pourquoi ne pas maîtriser sa transformation et vous créer ainsi votre paradis personnel ?

Le rêve de votre vie est constitué de milliers de petits rêves dynamiques. Les rêves naissent, grandissent et meurent, autrement dit ils se transforment. Sauf qu'en général, ils se transforment sans que vous en soyez conscient. Une fois que vous avez conscience de rêver, vous récupérez la capacité de modifier votre rêve quand vous en avez envie. Quand vous aurez découvert que vous avez le pouvoir de vous forger un rêve paradisiaque, vous souhaiterez changer de rêve et les quatre accords toltèques sont l'outil idéal pour y parvenir. Ils remettent en question le tyran, le juge et la victime que vous avez dans la tête. Ils remettent en question le moindre accord qui vous rend la vie difficile.

Si vous remettez en question vos croyances, en vous demandant simplement si ce que vous croyez est vrai, vous risquez de découvrir quelque chose de très intéressant : durant toute votre vie, vous vous êtes efforcé d'être à la hauteur des exigences d'autrui et vous avez gardé votre propre satisfaction pour la fin. Vous avez sacrifié votre liberté personnelle pour vivre en fonction du point de vue des autres. Vous avez essayé d'être à la hauteur aux yeux de votre mère, de votre père, de vos professeurs, de votre conjoint, de vos enfants, de votre religion et de la société. Après avoir fait tant d'efforts durant des années, vous essayez d'être à la hauteur à vos *propres* yeux, mais vous vous rendez compte que vous n'y arrivez pas.

Pourquoi ne pas vous donner la première place, fût-ce pour la première fois de votre vie ? Vous pouvez réapprendre à vous aimer en vous acceptant de manière inconditionnelle. Et vous pouvez commencer à exprimer votre amour inconditionnel envers votre moi *authentique*. Entraînez-vous à l'aimer de plus en plus. Quand vous vous aimerez d'une manière inconditionnelle, vous ne serez plus une proie facile pour les prédateurs extérieurs qui souhaitent contrôler votre vie. Vous ne vous sacrifierez plus pour personne. Si vous pratiquez l'amour de vous-même, vous en deviendrez un maître.

Faites toujours de votre mieux est l'accord qui vous aidera à devenir un maître d'art. Les trois premiers accords toltèques se situent dans le domaine de la réalité virtuelle. Le quatrième, en revanche, concerne la réalité physique. Il s'agit de passer à l'action, de s'entraîner et de pratiquer jusqu'à devenir un maître du rêve. En faisant de votre mieux, encore et toujours, vous finirez par maîtriser l'art de la transformation. La maîtrise de la transformation est la deuxième maîtrise de l'artiste, que l'on distingue clairement dans le quatrième accord. Quand vous faites toujours de votre mieux, quand vous agissez, vous vous transformez, vous modifiez le rêve de votre vie.

La seconde maîtrise a pour objectif de faire face à ce que vous croyez, pour le transformer. On parvient à cette maîtrise en changeant ses accords et en reprogrammant son esprit à sa façon. Le résultat auquel vous aspirez, c'est la liberté de vivre votre propre vie et non celle du système de croyances. Quand le livre de la loi aura disparu de votre tête, le tyran, le juge et la victime en disparaîtront à leur tour.

Cette transformation a déjà commencé, et elle débute par vous. Avez-vous le courage d'être totalement honnête avec vous-même, de voir de quelle manière vous écrivez véritablement votre histoire ? Avez-vous le courage de regarder en face vos superstitions et vos mensonges ? Avez-vous le courage de réviser ce que vous croyez être, ou y a-t-il trop de blessures à prendre en compte ? Vous vous dites peut-être : « Je n'en sais rien. » Mais vous relevez le défi. Vous transformez votre rêve et cela se fait en ce moment même, puisque vous désapprenez tous vos mensonges.

Les quatre accords toltèques sont en réalité un résumé de la *maîtrise de la transformation*, qui consiste précisément à désapprendre tout ce que vous avez appris. Vous apprenez en concluant des accords et vous désapprenez en les brisant. Chaque fois que vous brisez un accord, le pouvoir de votre foi que vous aviez investi en lui vous est restitué, puisque vous n'avez plus besoin de dépenser de l'énergie pour le maintenir en vie.

Vous commencez par briser de petits accords qui consomment peu de pouvoir. À mesure que vous désapprenez ce que vous savez, vous démantelez la structure de vos connaissances, ce qui libère votre foi. Plus vous recouvrez votre foi, plus votre pouvoir personnel augmente ; vous vous renforcez. Cela vous donne la force de modifier un autre accord, puis encore un autre et un autre. Votre pouvoir personnel ne cesse d'augmenter et comme vous devenez beaucoup plus puissant, vous constatez que pratiquement tout devient possible. Vous ne tardez pas à conclure des accords qui vous conduisent au bonheur, à la joie et à l'amour. Puis ces nouveaux accords prennent vie et se mettent à interagir avec le monde extérieur, et votre rêve se transforme.

Quand vous désapprenez, comme vous le faites maintenant, vous commencez par faire face à vos croyances. Comment s'y prend-on ? Vous n'avez à disposition qu'un seul outil pour le faire, et c'est le doute. Le doute est un symbole, bien entendu, mais ce qu'il représente est extrêmement puissant. Grâce au pouvoir du doute, vous pouvez remettre en question chaque message que vous délivrez ou recevez. Vous pouvez également remettre en question toutes les croyances figurant dans votre livre de la loi, puis toutes celles qui régissent la société, jusqu'à briser le sort constitué de tous les mensonges et les superstitions qui contrôlent votre monde. Comme vous le verrez dans la deuxième partie, c'est précisément le cinquième accord toltèque qui vous dotera du pouvoir du doute.

DEUXIÈME PARTIE

Le pouvoir du doute

CHAPITRE 8

LE POUVOIR DU DOUTE

Le cinquième accord toltèque

“ *Soyez sceptique, mais apprenez à écouter.* ”

Voici le cinquième accord toltèque : *Soyez sceptique, mais apprenez à écouter. Soyez sceptique*, car la majeure partie de ce que vous entendez n'est pas vraie. Vous savez que les humains utilisent des symboles pour parler, or les symboles ne sont pas la vérité. Ils ne sont vrais que parce que nous nous sommes mis d'accord à leur sujet, et non parce qu'ils sont *réellement* la vérité. Mais la deuxième moitié de cet accord vous dit *apprenez à écouter*, et la raison en est simple : si vous apprenez à écouter, vous comprendrez la signification des symboles qu'utilisent les gens, vous comprendrez leur histoire et dès lors la communication s'améliorera beaucoup. Alors il se pourrait qu'à la place de la confusion qui règne actuellement parmi les humains qui peuplent cette Terre se manifeste un jour la clarté.

Une fois qu'on a compris que pratiquement rien de ce que l'on a appris au moyen de symboles n'est vrai, l'injonction *soyez sceptique* prend une dimension autrement plus importante. C'est un outil magistral, puisqu'il fait appel au pouvoir du doute pour discerner la vérité. Chaque fois que vous écoutez un message, qu'il soit de vous-même ou de n'importe quel autre artiste, posez-vous simplement la question : *Est-ce la vérité ou non ? S'agit-il de la réalité ou d'une réalité virtuelle ?* Le doute vous conduit *derrière* les symboles et vous rend responsable de chaque message que vous délivrez ou recevez. Pourquoi investir sa foi dans un message qui n'est pas vrai ? En vous montrant sceptique, vous ne croyez pas systématiquement chaque message ; vous ne mettez plus votre foi dans des symboles, et puisqu'elle n'est plus captive de ces derniers, votre foi se trouve dès lors en vous-même.

Donc, si avoir la foi c'est croire sans l'ombre d'un doute, et si douter signifie ne pas croire, *soyez sceptique. Ne croyez pas.* Et qu'allez-vous cesser de croire ? Vous cesserez de croire toutes les histoires que nous créons, nous autres artistes, grâce à nos connaissances. Vous savez que la majeure partie de nos connaissances n'est pas vraie – que toute symbologie n'est pas la vérité – alors, *ne me croyez pas, ne vous croyez pas vous-même* et *ne croyez personne d'autre non plus*. La vérité n'a pas besoin que vous y croyiez ; la vérité est, tout simplement, et elle survit, que vous y croyiez ou non. Les mensonges, en revanche, ont besoin que vous y croyiez. Si vous n'y croyez pas, ils ne survivent pas à votre scepticisme et disparaissent tout bonnement.

Mais le scepticisme peut s'exprimer de deux manières. L'une d'elles consiste à se montrer sceptique parce qu'on s'estime trop intelligent pour être crédule. « Regardez combien je suis intelligent. Je ne crois en rien ! » Cette attitude-là n'est pas du scepticisme. Être sceptique, c'est ne pas croire tout ce que vous entendez, et vous n'y croyez pas parce que ce n'est pas la vérité, un point c'est tout. Être sceptique consiste simplement à être conscient que toute l'humanité croit à des mensonges. Vous savez que les humains déforment la vérité, puisque nous rêvons tous et que notre rêve n'est qu'un reflet de celle-ci.

Chaque artiste déforme la vérité, mais ce n'est pas une raison pour juger ce que dit autrui, ni pour le qualifier de menteur. Nous racontons tous des mensonges, d'une manière ou d'une autre, et pas parce que nous voulons mentir. Cela tient simplement à ce que nous croyons ; c'est dû aux symboles que nous avons appris et à la manière dont nous les utilisons. Une fois que vous avez conscience de cela, le cinquième accord toltèque se révèle particulièrement significatif et peut changer beaucoup de choses dans votre vie.

Des gens viendront vers vous et vous raconteront leur histoire personnelle. Ils vous communiqueront leur point de vue, ce qu'ils croient être la vérité. Mais vous ne jugerez pas si ce qu'ils disent est vrai ou non. Vous n'aurez aucun jugement, mais vous aurez du respect. Vous écouterez de quelle manière les autres expriment leurs symboles, sachant que ce qu'ils disent est déformé par leurs croyances. Vous saurez que ce qu'ils vous disent n'est qu'une histoire, parce que vous le sentirez. Vous le *saurez*, tout simplement. Mais vous saurez également quand leurs paroles sont vraies, et vous y parviendrez sans avoir besoin de mots : c'est cela qui compte.

Qu'elle soit vraie ou fictive, vous n'avez pas à croire l'histoire de quiconque. Vous n'avez pas besoin de vous forger une opinion quant à ce que dit autrui. Vous n'êtes pas non plus obligé d'exprimer votre opinion à vous. Pas besoin d'être d'accord ou de ne pas être d'accord. Il suffit *d'écouter*. Plus les propos d'un individu sont impeccables, plus son message est clair. Mais les propos qui émanent d'un autre artiste n'ont rien à voir avec vous. Vous savez qu'il n'y a rien de personnel dans ce qu'il dit. Vous écoutez et vous comprenez tous les mots, sauf que ceux-ci ne vous affectent plus désormais. Vous ne jugez plus ce que disent les autres, parce que vous comprenez maintenant ce qu'ils font. Ils vous font simplement savoir ce qui se passe dans leur propre monde virtuel.

Vous avez déjà conscience que tous les artistes vivent dans leur propre rêve, dans leur monde à eux. Dans ce monde-là, ce qu'ils perçoivent est vrai pour eux. Il se pourrait que ce soit absolument vrai pour les artistes qui expriment leur histoire, mais ce n'est pas la vérité pour vous. La seule vérité, pour vous, est ce que vous percevez dans votre monde. Une fois que vous avez conscience de cela, il n'y a plus rien à prouver à personne. Il n'est plus question d'avoir raison ou tort. Vous respectez ce que disent les autres, puisque ce sont d'autres artistes qui s'expriment. Le respect est très important. Quand vous apprenez à écouter, vous témoignez votre respect aux autres artistes, vous respectez leur art et leur création.

Tous les artistes ont le droit de créer leurs œuvres comme ils veulent. Ils ont le droit de croire ce qu'ils veulent croire et de dire ce qu'ils ont à dire. Mais si vous n'apprenez pas à écouter, vous ne comprendrez jamais ce qu'ils disent. Écouter est très important, dans la communication. Si vous apprenez à écouter, vous saurez exactement ce que veulent les autres. Une fois que vous serez au courant de ce qu'ils veulent, ce que vous ferez de cette information-là ne dépendra que de vous. Vous pouvez y réagir ou non, vous pouvez être d'accord avec eux ou pas, tout dépendra de ce que *vous* voulez.

Ce n'est pas parce que les autres veulent quelque chose que vous devez nécessairement le leur donner. Les gens essaient toujours de capter votre attention, puisque c'est par ce biais qu'ils peuvent télécharger n'importe quelle information. Il arrive souvent qu'une information ne vous intéresse pas. Vous l'écoutez, vous n'en voulez pas, vous l'ignorez et vous reportez votre attention ailleurs.

En revanche, si cette information capte votre attention, alors vous avez vraiment envie d'écouter et de découvrir si ce qu'on vous dit est important à vos yeux. Ensuite, vous pouvez exprimer votre point de vue, si vous en avez envie, tout en sachant que ce n'est qu'un point de vue. C'est votre choix, mais la clé consiste avant tout à *écouter*.

Si vous n'apprenez pas à écouter, vous ne comprendrez jamais ce que je suis en train de vous expliquer en ce moment même. Vous tirerez hâtivement des conclusions et vous réagirez comme s'il s'agissait de votre rêve, alors que ce n'est pas le cas. Quand d'autres artistes partagent leur rêve avec vous, ayez simplement conscience qu'il s'agit de *leur* rêve. Vous savez ce qu'est votre rêve, comme vous savez ce qu'il n'est pas.

En ce moment même, je partage avec vous la façon dont je perçois le monde, la manière dont je rêve. Mes histoires sont vraies pour moi, mais je sais que ce n'est pas la vérité *réelle*, alors, ne me croyez pas. Ce que je vous dis ne représente que mon point de vue. Bien sûr, de mon point de vue, j'ai l'impression de partager la vérité avec vous. Je fais de mon mieux pour avoir la parole la plus impeccable possible afin que vous puissiez comprendre ce que je dis, mais même si je parviens à vous transmettre une copie exacte de la vérité, je sais que vous déformerez mon message sitôt qu'il passera de mon esprit au vôtre. Vous l'entendrez et vous vous le répéterez d'une manière complètement différente, en fonction de *votre* point de vue.

Maintenant, ce que je dis est peut-être la vérité, peut-être pas, mais il se peut que ce que vous croyez ne soit pas davantage vrai. Je ne représente qu'une moitié du message ; vous en êtes l'autre. **Je suis responsable de ce que je dis, mais pas de ce que vous comprenez.** Vous êtes responsable de ce que vous comprenez et de ce que vous faites de ce que vous entendez dans votre tête, car c'est vous qui attribuez un sens à chaque mot qui vous parvient.

En cet instant même, vous interprétez ce que je dis à l'aune de vos connaissances personnelles. Vous réarrangez les symboles et vous les transformez d'une manière qui préserve l'équilibre de tout votre système de croyances. Une fois que vous aurez atteint cet équilibre, il se peut que vous acceptiez mon histoire comme étant la vérité,… ou pas. Vous pouvez également faire la supposition que ce que vous vous dites correspond à ce que j'avais l'intention d'exprimer, ce qui ne veut pas dire que votre supposition soit vraie. Vous pouvez mal interpréter ce que je dis. Vous pouvez aussi utiliser ce que je dis pour me faire des reproches, pour en faire à quelqu'un d'autre, à vous-même, à votre religion ou à votre philosophie, pour être en colère contre tout le monde, et plus particulièrement contre vous-même. Vous pouvez également utiliser ce que vous entendez pour découvrir la vérité, pour vous trouver vous-même, pour faire la paix avec vous et, peut-être, pour modifier le message que vous adressez à vous-même.

Quoi que vous fassiez de ce que je dis, cela ne dépend que de vous. C'est votre rêve et je le respecte. Vous n'êtes pas obligé de me croire, mais si vous apprenez à écouter, vous parviendrez à comprendre ce que je dis et si l'information que je vous offre vous parle, vous pourrez alors l'intégrer à votre rêve, si vous le désirez. Vous pouvez prendre ce qui marche pour vous et vous en servir pour modifier votre rêve ; quant à ce qui ne vous convient pas, ignorez-le, tout simplement. Cela ne fera aucune différence pour moi, mais ça en fera une pour vous, car je suppose – tout en sachant que c'est une supposition – que vous souhaitez devenir un meilleur artiste, et que c'est la raison pour laquelle vous remettez en question vos propres croyances.

Alors, *soyez sceptique*. Ne me croyez pas, ne croyez personne d'autre, mais, surtout, ne vous croyez pas vous-même. Quand je dis, *ne vous croyez pas vous-même*, mon Dieu, en voyez-vous les implications ? Ne croyez pas tout ce que vous avez appris ! Ne pas se croire soi-même constitue un avantage immense, puisque la majeure partie de ce que vous avez appris n'est pas la vérité. Tout ce que vous savez, toute votre réalité, ce ne sont rien que des symboles. Mais vous n'êtes pas tout ce paquet de symboles qui s'expriment dans votre tête. Vous le savez, et c'est pour cela que vous vous montrez sceptique et que vous ne vous croyez pas.

Si vos croyances vous disent : « Je suis gros. Je suis laid. Je suis vieille. Je suis un perdant. Je ne suis pas assez gentille. Je ne suis pas assez fort. Je ne m'en sortirai jamais », ne vous croyez pas, parce que ce n'est pas vrai. Ces messages sont déformés. Ce ne sont rien que des mensonges. Sitôt que vous voyez que ce sont des mensonges, vous n'êtes plus obligé de les croire. Faites appel à la puissance du doute pour remettre en question tous les messages que vous adressez à vous-même. « Est-il *vraiment* vrai que je suis laid ? Est-il *vraiment* vrai que je ne suis pas à la hauteur ? » Ce message est-il réel ou virtuel ? De toute évidence, il est virtuel. Aucun de ces messages n'émane de la vérité, de la vie ; ils ne sont que le résultat des distorsions de nos connaissances. En vérité, il n'y a pas de gens laids. « Être à la hauteur » n'existe pas davantage. Il n'existe aucun livre de la loi universel où le moindre de ces jugements soit vrai. Ces jugements ne sont que des accords que les humains ont conclus.

Est-ce que vous voyez quelles conséquences entraîne le fait de se croire soi-même ? Vous croire est la pire des choses que vous puissiez faire, car vous vous êtes raconté des mensonges durant toute votre vie, et c'est parce que vous y croyez que votre rêve n'est pas agréable. Si vous croyez ce que vous vous dites, vous pouvez vous servir de tous les symboles que vous avez appris pour vous faire du mal. Votre rêve personnel peut devenir un vrai cauchemar, car c'est précisément en croyant des mensonges qu'on se forge son propre enfer. Si vous souffrez, ce n'est pas parce que quelqu'un d'autre vous fait souffrir ; c'est simplement parce que vous obéissez au tyran qui gouverne votre tête. Quand ce tyran vous obéira, il n'y aura plus ni juge ni victime dans votre tête, et vous ne souffrirez plus.

Votre tyran est sans pitié. Il vous maltraite sans cesse, en utilisant tous ces symboles contre vous. Il se nourrit du poison émotionnel qu'engendrent vos émotions négatives, et pour produire de telles émotions, il juge et émet des opinions. Personne ne vous juge davantage que vous-même. Bien sûr, vous essayez d'échapper à ces jugements, à cette culpabilité, à ce rejet et ces punitions. Mais comment peut-on échapper à ses propres pensées ? Si vous n'aimez pas quelqu'un, vous pouvez vous en aller. Mais si vous ne vous aimez pas, où que vous alliez, vous serez toujours là. Vous pouvez vous cacher de tout le monde, mais il vous est impossible d'échapper à vos propres jugements. Il semble qu'il n'y ait pas d'échappatoire.

Voilà pourquoi tant de gens mangent trop, prennent des drogues, boivent ou développent des dépendances à diverses substances et comportements. Ils font ce qu'ils peuvent pour éviter leur propre histoire, pour fuir leur propre création qui déforme tous les symboles qu'ils ont dans la tête. Certaines personnes subissent de telles souffrances émotionnelles qu'elles en viennent à s'ôter la vie. Voilà ce que les mensonges peuvent faire. La voix de la connaissance peut se retrouver à ce point déformée et engendrer une telle quantité de haine contre soi qu'elle finit par détruire un être humain. Tout cela, parce que nous croyons toutes les opinions que nous avons apprises au fil des ans.

Imaginez un instant que toutes vos opinions, plus toutes celles des personnes qui vous entourent, s'apparentent à un immense ouragan qui tourbillonne en vous. Imaginez que vous croyez toutes ces opinions ! Eh bien, si vous êtes sceptique, si vous ne vous croyez pas vous-même, si vous ne croyez personne d'autre, aucune de ces opinions ne pourra vous troubler ni vous décentrer. Quand vous contrôlez votre propre symbologie, vous êtes toujours centré, toujours détendu et calme, parce que c'est votre moi *réel* qui prend les décisions dans votre vie, et non les symboles. Quand vous souhaitez communiquer quelque chose, vous arrangez les symboles comme vous voulez et c'est ainsi qu'ils sortent de votre bouche.

C'est vous l'artiste et vous pouvez agencer les symboles comme vous voulez, de la façon qui vous plaît, car ils sont sous votre contrôle. Vous pouvez les utiliser pour demander ce dont vous avez besoin, pour exprimer ce que vous voulez comme ce que vous ne voulez pas. Vous pouvez partager vos pensées, vos sentiments et vos rêves, en prose ou en vers. Mais ce n'est pas parce que vous employez un langage pour communiquer que vous y croyez. Quel besoin avez-vous de croire ce que vous savez déjà ? Quand vous êtes seul et que vous parlez à vous-même, c'est parfaitement futile. Que pouvez-vous vous dire que vous ne sachiez déjà ?

Si vous comprenez le cinquième accord toltèque, vous saisirez pourquoi vous n'avez nul besoin de croire ce que vous *voyez*, ce que vous savez déjà sans l'aide de mots. **La vérité ne s'exprime pas avec des mots.** La vérité est silencieuse. C'est simplement quelque chose que vous savez ; vous pouvez la ressentir sans aucun mot, et on appelle cela la *connaissance silencieuse*. La connaissance silencieuse, c'est ce que vous savez avant d'investir votre foi dans des symboles. Quand vous vous ouvrez à la vérité et que vous apprenez à écouter, tous les symboles perdent leur valeur et la seule chose qui reste, c'est la vérité. Il n'y a rien à savoir, rien à justifier.

Ce que je partage avec vous n'est pas facile à comprendre et en même temps, c'est si simple que cela paraît évident. Au final, vous allez vous rendre compte que les langues sont des symboles qui ne sont vrais que parce que vous *pensez* qu'ils le sont. Mais si vous les mettez de côté, que reste-t-il ? La vérité. Alors, vous verrez une chaise et vous ne saurez pas comment la nommer, mais vous pourrez vous asseoir dessus et la vérité sera là. **La matière est la vérité. La vie est la vérité. La lumière est la vérité. L'amour est la vérité.** Le rêve humain n'est pas la vérité, mais cela n'implique pas pour autant qu'il soit mauvais. Être mauvais, voilà encore un autre concept qui n'est pas non plus vrai.

Quand vous aurez compris que vous créez toute cette symbologie pour communiquer avec vos semblables, vous découvrirez du même coup que les symboles ne sont en réalité ni bons ou mauvais, ni justes ou faux. C'est vous, avec vos croyances, qui décidez qu'ils sont justes ou faux. Telle est la puissance de vos croyances, mais la vérité est au-delà de la croyance. Quand vous dépassez les symboles, vous découvrez un monde de perfection où chaque être et chaque chose sont parfaits. Même l'investissement de votre foi dans chacun de vos mots est parfait. Même votre colère, vos drames et vos mensonges sont parfaits. Même l'enfer qu'il vous arrive de vivre est parfait, car seule existe la perfection. Imaginez un instant que vous viviez toute votre vie sans jamais apprendre tous les mensonges que sont vos connaissances, sans souffrir d'avoir investi votre foi dans ces mensonges, dans ces superstitions et ces opinions. Vous vivriez alors comme tous les autres animaux, ce qui veut dire que vous conserveriez votre innocence durant toute votre vie.

Au cours du processus de domestication, vous perdez votre innocence et, ce faisant, vous vous mettez à chercher ce que vous avez perdu, ce qui vous conduit à développer la conscience. Une fois que vous avez recouvré la conscience, vous devenez pleinement responsable de votre propre évolution, de chacun de vos choix dans la vie.

Tant que vous êtes éduqué par le rêve de la planète, vous n'avez aucun choix ; vous apprenez tellement de mensonges. Mais peut-être est-il temps de désapprendre tous ces mensonges et de réapprendre à suivre la vérité, en vous fiant à votre propre cœur. Désapprendre, ou ce que j'appelle encore la *dédomestication*, est un processus très lent, mais puissant. Comme je l'ai dit auparavant, chaque fois que vous retirez votre foi à un symbole, son pouvoir vous est restitué, jusqu'à ce que votre symbologie tout entière n'ait plus aucun pouvoir sur vous.

Quand vous soustrayez tout pouvoir aux symboles pour le reprendre en vous, votre rêve se retrouve impuissant. Et une fois que tout ce pouvoir vous est revenu, vous êtes invincible. Plus rien ne peut vous vaincre. Ou peut-être devrais-je plutôt dire que vous ne pouvez plus vous vaincre vous-même, puisque c'est exactement la même chose.

Quand vous aurez récupéré tout le pouvoir que vous avez investi dans les symboles, vous ne croirez plus la moindre pensée qui se présentera à votre esprit ; vous ne croirez plus votre propre histoire. Par contre vous l'écouterez, et comme vous la respecterez, vous l'apprécierez. Quand vous allez au cinéma ou que vous lisez un roman, vous n'y croyez pas, mais vous y prenez plaisir, n'est-ce pas ? Une fois que vous êtes capable de faire la différence entre la réalité vraie et la réalité virtuelle, vous savez que vous pouvez faire confiance à la première, mais que vous n'êtes pas obligé d'avoir confiance en la seconde, tout en étant capable de les apprécier toutes les deux. Vous pouvez à la fois apprécier ce qui est et ce que vous créez.

Même si vous savez que votre histoire n'est pas vraie, vous pouvez néanmoins élaborer le plus beau récit possible et diriger votre vie en fonction de lui. Vous pouvez créer votre paradis personnel et le vivre. Et si vous parvenez à comprendre l'histoire des autres et qu'ils parviennent à comprendre la vôtre, alors, ensemble, vous pouvez créer le plus beau de tous les rêves. Mais pour commencer, vous avez beaucoup à désapprendre, et le cinquième accord toltèque est l'outil idéal pour le faire.

Où que vous alliez dans le monde, les gens vous communiqueront toutes sortes d'opinions et d'histoires. Vous rencontrerez de merveilleux baratineurs qui voudront vous dire que faire de votre vie : « Tu devrais faire ceci, tu devrais faire cela, tu ne devrais pas faire ceci, etc. » Ne les croyez pas. *Soyez sceptique, mais apprenez à écouter*, puis faites votre choix. Assumez la responsabilité de chacun des choix que vous faites dans la vie. C'est votre vie ; ce n'est la vie de personne d'autre, et vous finirez par découvrir que ce que vous en faites ne regarde que vous.

Depuis des siècles, des gens ont prétendu savoir quelle était la volonté de Dieu. Ils ont parcouru le monde en prêchant la bonté et la vertu, tout en condamnant tout le monde. Depuis des siècles, des prophètes ont prédit de grandes catastrophes planétaires. Il n'y a pas si longtemps, des gens ont annoncé qu'au début de l'an 2000, tous les ordinateurs tomberaient en panne et que la société telle que nous la connaissons disparaîtrait. Certaines personnes ont même pensé que nous allions revenir à l'âge des cavernes. Le 1er janvier 2000 est arrivé, nous avons fêté cette nouvelle année, ce nouveau siècle et ce nouveau millénaire, et qu'est-il arrivé ? Rien du tout.

Voici des milliers d'années, tout comme aujourd'hui, certains prophètes attendaient la fin du monde. À cette époque, un grand maître a dit : « Il y aura de nombreux faux prophètes qui prétendront parler au nom de Dieu. *Ne les croyez pas.* » Vous voyez, le cinquième accord toltèque n'est pas vraiment nouveau. *Soyez sceptique, mais apprenez à écouter.*

CHAPITRE 9

LE RÊVE DE L'ATTENTION PREMIÈRE

Les victimes

Ceci nous conduit à l'histoire d'Adam et Ève au paradis. Adam et Ève représentent tous les êtres humains, et Dieu nous a dit que nous pouvions manger tout ce que nous voulions, à l'exception du fruit de l'arbre de la Connaissance. Si nous venions à manger un jour du fruit de cet arbre, nous en mourrions. Eh bien, en l'occurrence, nous en avons mangé et nous sommes bien morts.

Bien sûr, il ne s'agit que d'une histoire et ce qui compte ici, c'est sa signification. Pourquoi mourons-nous quand nous mangeons du fruit de cet arbre ? Parce que le nom véritable de l'arbre de la Connaissance, c'est l'arbre de la Mort. L'autre arbre qui est présent au paradis est l'arbre de Vie.

La vie est la vérité et la vérité *est*, tout simplement, sans l'aide de mots ni de symboles. L'arbre de la Connaissance n'est que le reflet de l'arbre de Vie. Nous savons déjà que la connaissance se crée à l'aide de symboles et que ces derniers ne sont pas réels. Quand nous mangeons du fruit de l'arbre de la Connaissance, les symboles deviennent une réalité virtuelle qui nous parle avec la voix de la connaissance, et nous vivons alors dans cette réalité en croyant qu'elle est réelle, c'est-à-dire sans conscience, bien entendu.

Il est tout à fait évident que les humains ont mangé du fruit de l'arbre de la Mort. De mon point de vue, des milliards d'êtres humains à la surface du globe sont morts, mais ne le *savent* pas. Oui, leur corps est en vie, mais ils rêvent sans avoir conscience de rêver, ce qui correspond à ce que les Toltèques nomment *le rêve de l'attention première*.

Le rêve de l'attention première est celui que nous créons quand nous utilisons notre attention pour la première fois. C'est également ce que je nomme *le rêve ordinaire des humains,* ou encore *le rêve des victimes*, car nous sommes les victimes de tous les symboles que nous créons, les victimes de toutes les voix qui parlent dans notre tête, les victimes de toutes nos superstitions et de toutes les déformations de notre connaissance. Dans le rêve des victimes, où vivent la plupart des gens, nous sommes victimes de notre religion, de notre gouvernement, de notre manière de penser et de croire dans sa globalité.

Quand on est enfant, on ne peut pas se défendre contre tous les mensonges qui accompagnent l'arbre de la Connaissance. Comme nous l'avons déjà vu, nos parents, notre école, notre religion et toute la société captent notre attention et introduisent en nous leurs opinions et leurs croyances. Si nous croyons en telle ou telle religion, c'est parce que nos parents y croyaient aussi, parce qu'ils nous ont emmenés dans telle église ou tel lieu de culte, et nous ont appris à croire tout ce qu'on nous disait. Les adultes qui s'occupent de nous partagent avec nous leurs histoires et quand nous allons à l'école, nous en apprenons d'autres. Nous apprenons l'histoire de notre pays. Nous découvrons les héros, les guerres et les souffrances humaines.

Les adultes nous préparent à nous intégrer à la société et je peux affirmer sans l'ombre d'un doute que cette société-là est totalement régie par des mensonges. Nous apprenons à vivre dans le même rêve que nos parents ; notre foi se trouve alors prisonnière de la structure de ce rêve qui devient dès lors normal à nos yeux. Par contre, je ne crois pas que nos parents aient fait cela avec la moindre mauvaise intention. Les adultes ne peuvent nous enseigner que ce qu'ils savent ; ils ne peuvent nous transmettre ce qu'ils ignorent. Ce qu'ils savent, c'est ce qu'ils ont appris durant toute leur vie ; ce qu'ils ont cru depuis la naissance. Vous pouvez être certain que vos parents ont fait de leur mieux à l'époque. S'ils n'ont pas fait mieux que cela, c'est par pure ignorance. Je vous parie qu'ils avaient toutes sortes de jugements contre eux-mêmes et que leur entourage les jugeait aussi. Ils vivaient dans le rêve de l'attention première, dans *le monde souterrain*, dans le rêve qu'on nomme l'*Hadès* ou l'*enfer*. Ils étaient morts.

Ces symboles, bien entendu, ne sont pas exactement la vérité. La vérité se trouve *derrière* les symboles, elle est dans *l'intention* ou dans la *signification* des symboles. Quand les religions décrivent le rêve de l'enfer, elles disent que c'est un lieu où l'on brûle, où l'on est jugé, un lieu de punition éternelle. Eh bien, cette description de l'enfer correspond au rêve ordinaire des humains. C'est exactement ce qui arrive dans l'esprit humain : les jugements, la culpabilité, les punitions, ainsi que toutes ces émotions que provoque la peur, qui ressemble à un feu qui brûle en nous. La peur est la reine du monde souterrain et elle gouverne notre monde en provoquant des distorsions dans nos connaissances. La peur engendre tout un monde d'injustice et de drames émotionnels, cet immense cauchemar que vivent des milliards de gens.

Et quelle est la plus grande de toutes les peurs, dans ce monde ? La peur de la vérité. **Les humains redoutent la vérité, parce qu'on nous a appris tant de mensonges.** Bien entendu, nous avons également peur des mensonges auxquels nous croyons. Qu'elle soit vraie ou fictive, la connaissance nous procure un sentiment de sécurité, mais ensuite nous souffrons parce que nous croyons à ce que nous savons, et que pratiquement tout de cela n'est pas vrai. Ce n'est qu'un point de vue, mais nous y croyons, et nous délivrons à notre tour les mêmes messages déformés à nos enfants. C'est ainsi que la chaîne se perpétue et que l'histoire des humains se répète encore et encore, indéfiniment.

Voici longtemps, les sages ont comparé le rêve de l'attention première à un marché où des milliers de personnes parlent en même temps, sans que personne n'écoute. Les Toltèques nomment cela un *mitote*, terme nahuatl qui signifie « commérages extrêmes ». Dans ce *mitote*, on utilise la parole contre soi-même et, dans nos interactions avec les autres, on s'en sert également contre eux.

Tous les êtres humains sont des magiciens et au cours de leurs interactions, ils se jettent des sorts les uns sur les autres. Comment ? En faisant mauvais usage de la parole, en prenant tout ce qui leur arrive d'une manière personnelle, en déformant tout ce qu'ils perçoivent avec des suppositions, en médisant, en répandant des rumeurs et du poison émotionnel par leurs propos. C'est principalement aux personnes que nous aimons le plus que nous jetons le plus grand nombre de sorts, et plus nous avons d'autorité, plus ces sorts sont puissants. L'autorité, c'est le pouvoir qu'un être humain exerce sur d'autres, qui lui permet de se faire obéir. Revoyez-vous, enfant, quand vous aviez peur de l'autorité. Regardez également autour de vous comment certains adultes ont toujours peur de l'autorité. Les mots qu'on prononce avec autorité forment un sort puissant qui affecte les autres humains. Pourquoi ? Parce que nous *croyons* ces mots.

Si nous comprenons le pouvoir de la symbologie, nous pouvons voir où nous entraînent les symboles. Nous pouvons le voir à notre manière de nous comporter, aux interactions que nous avons avec les autres, mais surtout avec nous-mêmes. Nous nous laissons posséder par une idée, une croyance, une histoire. Parfois c'est la colère qui s'empare de nous ; d'autres fois, c'est la jalousie, et d'autres fois encore, l'amour. Les symboles rivalisent pour contrôler notre attention et, d'une manière ou d'une autre, ils ne cessent de changer ; tour à tour, ils nous possèdent. Il existe des milliers de symboles qui souhaitent prendre place dans notre tête et nous contrôler. Comme nous l'avons vu plus haut, tous ces symboles sont vivants et c'est nous qui leur prêtons vie, puisque nous y *croyons*.

Ces symboles parlent et parlent encore dans notre tête. Ils ne s'arrêtent jamais. C'est comme s'il y avait un narrateur en nous qui nous racontait tout ce qui se passe autour de nous, comme si nous n'étions pas conscients de ce que nous percevons. « Et maintenant, le soleil se couche. C'est bien. J'ai chaud. Regarde, il y a des arbres là-bas ! Qu'est-ce que cette personne est en train de faire ? Je me demande bien ce qu'elle pense. » La voix de la connaissance veut connaître la signification de toute chose. C'est à peine si elle peut attendre avant d'interpréter tout ce qui arrive dans notre vie. Elle nous dit quoi faire, quand le faire, où le faire et comment le faire. Elle nous rappelle sans cesse ce que nous croyons à notre propos et ce dont nous doutons à notre sujet. Elle nous dit tout ce que nous ne sommes pas. Elle nous demande constamment pourquoi nous ne sommes pas tels que nous devrions être.

Dans le rêve de l'attention première, le monde dans lequel on vit est semblable à une émission de téléréalité, dont l'animateur est la voix de la connaissance. Et, bien entendu, c'est toujours nous qui avons raison et les autres qui ont tort, puisque nous utilisons tout ce que nous savons pour justifier ce qui figure dans notre émission. Et quelle émission de téléréalité ! Elle est classée n° 1.

Nous créons chaque personnage de cette histoire et ce que nous croyons à propos de chacun d'eux n'est pas et n'a jamais été la vérité. Sachant que nous avons tous un arbre de la Connaissance dans la tête, nous ne percevons plus la vérité, nous percevons nos propres connaissances ; autrement dit, nous ne percevons que des mensonges. Quand on ne perçoit plus que des mensonges, notre attention est prisonnière du rêve de l'enfer ; on n'est plus en mesure de percevoir la réalité du paradis qui nous entoure. Voilà comment les êtres humains ont chuté du paradis.

Dans l'histoire d'Adam et Ève, il y a eu un long échange avec un serpent qui vivait dans l'arbre de la Connaissance. Ce serpent était un ange déchu qui ne délivrait que des messages déformés ; c'était le Prince des Mensonges, et nous étions innocents. Le serpent nous a demandés : « Voulez-vous être semblables à Dieu ? » Une question toute simple, mais en discernez-vous le piège ? Si nous avions répondu : « Non, merci, je suis déjà Dieu », nous vivrions encore au paradis, mais nous avons répondu : « Oui, je veux être comme Dieu. » Nous n'avons pas su discerner le mensonge ; nous avons mordu dans le fruit, nous avons avalé ce mensonge et nous sommes morts.

Ce qui nous a fait mordre dans cette pomme, sans même remarquer le mensonge, c'est le doute. Avant de douter, nous ne savions même pas ; la vérité était là et nous nous contentions de la vivre. Une fois que nous avons ingéré ce mensonge, nous n'avons plus cru être Dieu et c'est là que nous nous sommes mis à Le chercher. Dès lors, on croit qu'il faut créer un temple pour trouver Dieu ; il faut un lieu où lui rendre un culte. Il faut tout sacrifier pour atteindre Dieu. Il faut se faire souffrir et faire don de ses souffrances à Dieu. Et on se retrouve bientôt avec un grand temple où des milliers de personnes pensent qu'elles ne sont pas Dieu. Et puis, bien sûr, il faut donner un nom à Dieu, et c'est ainsi qu'on crée des religions.

On crée le dieu du tonnerre, le dieu de la guerre et la déesse de l'amour, et on les appelle Zeus, Arès et Aphrodite. Des milliers, sinon des millions de gens ont cru à ces dieux et leur ont rendu un culte. Ils ont offert leur vie en sacrifice à ces divinités. Ils ont même massacré leurs propres enfants en offrande à ces dieux-là, parce qu'ils croyaient que ces dieux étaient la vérité. Mais était-ce le cas ?

Comme vous le voyez, le premier mensonge auquel nous croyons est : « Je ne suis pas Dieu. » De ce premier mensonge en découle un autre ; puis un suivant, et ainsi de suite, et nous croyons, nous croyons, nous croyons. Bientôt, ces mensonges sont si nombreux que nous en sommes totalement submergés et que nous en oublions notre propre divinité. Nous voyons la beauté et la perfection de Dieu, et nous voudrions être comme Lui – nous aimerions devenir cette « image de perfection » – d'où une quête sans fin de perfection.

Les humains sont des conteurs et ils inventent des histoires. Nous parlons à nos enfants d'un Dieu qui est parfait, d'un Dieu qui nous juge et nous punit quand nous nous comportons mal. Nous leur parlons aussi du Père Noël qui récompense les « gentils » enfants, ceux qui sont davantage comme « Dieu ». Ces messages sont déformés. Le genre de Dieu qui joue avec la justice n'existe pas. Le Père Noël non plus. Toute cette connaissance que nous avons dans la tête n'est pas réelle.

Voyez-vous, quand nous parlons avec le serpent de l'arbre de la Connaissance, nous nous adressons à un reflet déformé de nous-mêmes. Ce serpent, c'est ce dont nous avons le plus peur. Nous craignons notre propre reflet. N'est-ce pas stupide ? Imaginez-vous en train de regarder votre reflet dans un miroir. Il semble être la copie exacte de ce qui est réel, alors que cette image dans la glace est en fait l'opposé de la réalité ; votre main droite devient la gauche. La vérité est toujours déformée par le reflet.

Quand nous sommes enfants, les miroirs qui nous entourent captent notre attention pour que nous les voyions, et ce que nous y voyons, ce sont des images déformées de nous-mêmes, selon l'humeur des gens, selon le moment où ces miroirs nous renvoient notre reflet, selon le système de croyances qu'ils utilisent pour justifier leurs perceptions. Les humains qui nous entourent nous font part de ce qu'ils *croient* que nous sommes, mais il n'existe aucun miroir assez clair pour réfléchir ce que nous sommes *vraiment*. Tous les miroirs sont complètement déformés. Ils projettent sur nous ce qu'ils croient, or presque tout cela n'est que mensonge. Nous pouvons y croire ou non, mais quand on est petit, on est innocent et on croit donc pratiquement tout. On met donc toute sa foi dans ces mensonges ; on leur donne vie et pouvoir, de sorte qu'ils ne tardent pas à gouverner notre existence.

L'histoire du Prince des Mensonges n'est qu'une histoire, mais c'est un récit magnifique tissé de symboles qui nous sont compréhensibles et dont nous pouvons tirer des conclusions. Je pense que sa signification est claire. Dès qu'on se met à rêver qu'on n'est pas Dieu, le cauchemar commence. On chute du paradis pour aller directement dans le monde souterrain, dans ce qu'on nomme *l'enfer*. On se met en quête de Dieu, on cherche également son *moi*, parce que c'est l'Arbre de la Connaissance qui vit notre vie et que notre moi authentique est mort.

Ce qui me rappelle une autre histoire à propos de Jésus-Christ. Il marchait en compagnie de ses disciples quand il vit un homme digne de recevoir ses enseignements. Il s'avança vers lui et lui dit : « Viens et suis-moi. » L'homme répondit alors : « Je viendrai, mais mon père vient de mourir. Je dois tout d'abord l'enterrer, après quoi je te suivrai. » À quoi Jésus rétorqua : « Laisse les morts enterrer les morts. Tu es vivant. Viens avec moi. »

Si vous comprenez cette histoire, il est facile de voir qu'on est « mort » quand on n'est pas éveillé, quand on n'a pas conscience de qui l'on est. **Vous êtes la *vérité* ; vous êtes la *vie* ; vous êtes *l'amour.*** Mais au cours du processus de domestication, le rêve extérieur, le rêve de la planète, a capté votre attention et vous a inculqué toutes vos croyances. Peu à peu, vous êtes devenu une copie de ce rêve extérieur. Vous avez copié ce que vous avez appris de tous les gens et les choses qui vous entourent. Vous n'avez pas seulement copié des croyances, mais aussi des comportements, ce qui veut dire que vous n'imitez pas seulement ce que les gens disent, mais aussi ce qu'ils font. Vous percevez l'état émotionnel de votre entourage, et vous allez jusqu'à le copier lui aussi.

Vous n'êtes pas qui vous êtes *vraiment*, puisque vous êtes possédé par cette image déformée de vous-même. C'est peut-être un peu difficile à comprendre, mais depuis tout ce temps c'est vous qui *vous* possédez. Autrement dit, ce qui *vous* possède est votre moi *virtuel*. C'est ce que vous *croyez* être ; et cette image de vous devient ainsi extrêmement puissante. Toutes ces années de pratique vous ont rendu maître dans l'art de prétendre être celui que vous croyez être. Et cette image déformée de vous-même est en réalité votre tombe, puisque ce n'est pas votre moi réel qui vit votre vie. Qui la vit donc ?

Est-ce votre moi réel qui peuple votre vie de drames et de souffrance ? Est-ce votre moi réel qui dit que « la vie est une vallée de larmes et nous venons ici pour souffrir » ? Est-ce aussi votre moi réel qui vous juge et vous punit ? Est-ce *vraiment* votre moi réel qui rêve tout cela ?

Non, ce n'est pas lui. Vous êtes mort, voilà la vérité. Et quel est le secret pour revenir à la vie ? *La conscience.* **Quand vous aurez retrouvé conscience, vous ressusciterez et reviendrez à la vie.** Dans la tradition chrétienne, le jour de la résurrection est celui où le Christ revient des morts et révèle sa divinité au monde. Voilà la raison d'être de votre présence ici-bas : revenir des morts et revendiquer votre propre divinité. Il est temps de revenir du monde de l'illusion, du monde des mensonges, de revenir à votre vérité, à votre authenticité propre. Il est temps de désapprendre les mensonges et de devenir votre moi véritable. Pour ce faire, vous devez revenir à la vie, c'est-à-dire à la vérité.

La conscience est la clé de ce retour à la vie, et c'est précisément l'une des maîtrises des Toltèques. La conscience vous fait sortir du rêve de l'attention première pour passer dans le rêve de l'attention seconde, où vous vous rebellez contre tous les mensonges qui régissent votre mental. Vous vous rebellez, et tout votre rêve se met alors à changer.

CHAPITRE 10

LE RÊVE DE L'ATTENTION SECONDE

Les guerriers

La première fois que nous apprenons à rêver, il y a beaucoup de choses que nous n'aimons pas, auxquelles nous sommes opposés, mais nous acceptons simplement le rêve tel qu'il est. Puis, pour une raison ou une autre, nous prenons conscience que nous n'aimons pas la vie que nous menons ; nous devenons conscients de ce que nous rêvons et nous ne voulons plus de ce rêve. Nous essayons alors d'utiliser notre attention une seconde fois pour modifier notre rêve, pour nous créer un deuxième rêve. C'est ce que les Toltèques nomment *le rêve de l'attention seconde*, ou *le rêve des guerriers*, puisque nous déclarons désormais la guerre à tous les mensonges de la connaissance.

Dans le rêve de l'attention seconde, on se met à douter : « Ce que j'ai appris n'est peut-être pas la vérité. » On commence à remettre en question ce que l'on croit ; on met en doute les opinions qu'on a apprises. On sait que quelque chose dans notre tête nous pousse à faire de nombreuses choses qu'on n'a peut-être pas envie de faire ; on pressent que quelque chose contrôle notre esprit, et on n'aime pas ça. Et comme cela ne nous plaît pas, vient un moment où l'on se rebelle.

Au cours de cette rébellion, nous essayons de recouvrer notre authenticité, ce que je nomme *l'intégrité* du moi ou encore la totalité de ce que nous sommes. Dans le rêve de l'attention première, le moi authentique n'a pas la moindre chance ; il est totalement victime. On ne se rebelle pas ; on n'essaye même pas. Mais désormais, on ne veut plus être victime, aussi s'efforce-t-on de changer son monde. On tente de recouvrer sa liberté personnelle, la liberté d'être qui l'on est vraiment, la liberté de faire ce qu'on veut vraiment faire. **Le monde des guerriers est un monde d'essais, de tentatives.** On essaie de modifier le monde qu'on n'aime pas, et on n'arrête pas d'essayer, d'essayer et d'essayer encore, et ce combat paraît interminable.

Dans le rêve des guerriers, on est en guerre, mais on ne la livre pas contre les autres. Elle n'a plus rien à voir avec le rêve extérieur. Tout se passe exclusivement à l'intérieur de notre tête. C'est une guerre contre cette partie de notre esprit qui fait tous les choix qui nous entraînent dans notre enfer personnel. C'est une guerre entre le moi authentique et ce que j'appelle *le tyran, le grand juge, le livre de la loi, le système de croyances*. C'est une guerre entre des idées, entre des opinions, des croyances. Je la nomme également *la guerre des dieux*, puisque toutes ces idées sont en compétition pour la domination du mental humain. Et, tout comme les dieux de l'Antiquité, ils exigent un sacrifice humain.

Oui, nous continuons de faire des sacrifices humains aux dieux, tout en prétendant ne plus y croire. Bien sûr, nous avons changé les noms de nos dieux ; nous avons modifié la *signification* des symboles que nous nommons *dieu*. Nous ne croyons peut-être plus à Apollon, ni à Zeus ou Osiris ; mais nous croyons en la justice, en la liberté et en la démocratie. Ce sont là les noms de nos nouveaux dieux. Nous donnons notre pouvoir à ces symboles, nous les élevons jusqu'au royaume des dieux, puis nous sacrifions notre vie au nom de ces dieux-là.

Des sacrifices humains sont commis en permanence, tout autour de la planète, et nous en voyons les résultats : la violence, le crime, des prisons surpeuplées, des guerres, le rêve de l'enfer, tout cela parce que nous croyons à tant de superstitions et à toutes les distorsions de nos connaissances. Les humains ont créé la guerre et nous y envoyons s'y sacrifier les plus jeunes d'entre nous. La plupart du temps, ils ne savent même pas pourquoi ils se battent.

Dans toutes les grandes villes, on assiste également à une guerre des gangs. Des jeunes se sacrifient et s'entre-tuent au nom de leur fierté, du profit ou de quelque autre dieu auquel ils croient. Ils se battent par orgueil, pour contrôler un quartier, pour un symbole qu'ils ont dans la tête et sur leurs blousons, et ils se sacrifient. Du plus petit quartier latino-américain aux plus grandes nations de la planète, on voit des groupes de gens se battre et défendre leurs dieux pour quelque chose qui n'existe même pas. Cette guerre se livre avant tout dans leur tête, mais le problème est qu'ils l'extériorisent et qu'ensuite ils s'entre-tuent vraiment.

Nous ne croyons peut-être plus aux sacrifices humains, mais en ce moment même des gens disent : « C'est moi qui vais sacrifier. Donnez-moi un fusil et je tuerai autant de gens que je pourrai, avant de me donner la mort. » Ce que je dis là n'est pas un jugement ; les choses sont simplement ainsi. Je ne suis pas en train de dire que c'est mal de sacrifier des humains. Le sacrifice humain existe et on ne peut le nier, puisqu'on le voit tous les jours dans de nombreuses cultures du monde. Nous le voyons et nous y participons aussi. Si quelqu'un commet une erreur et qu'il est pris la main dans le sac, que faisons-nous ? Crucifions-le, jugeons-le, calomnions-le ! Voilà une autre forme de sacrifice humain. Oui, il existe des règles et peut-être n'y a-t-il pire péché que de s'opposer à ces règles, et peut-être certaines d'entre elles sont-elles parfaitement antinaturelles. Mais nous créons ces règles, nous passons l'accord de vivre d'après elles et nous les suivrons jusqu'à ce que nous n'en ayons plus besoin, or pour l'instant, nous en avons encore besoin.

Les humains croient à tant de mensonges que la chose la plus insignifiante peut se muer en un démon gigantesque qui nous fait souffrir. En général, ce n'est qu'un jugement, principalement dirigé contre soi : « Pauvre de moi. Vous avez vu ce qui m'est arrivé lorsque j'avais 9 ans ? Regardez ce qui m'est arrivé la nuit dernière ! » Eh bien, quoi qu'il ait pu vous arriver par le passé, ce n'est plus vrai aujourd'hui. Quand bien même ce serait la chose la plus horrible au monde, en cet instant ce n'est pas la vérité, parce que **l'instant présent est la seule vérité que vous puissiez vivre**. Tout ce qui vous est arrivé dans le passé se situe dans la réalité virtuelle, tout comme les blessures de votre corps ont guéri depuis longtemps, mais le mental peut vous faire souffrir et vous forcer à vivre dans la honte durant des années.

Les humains transportent partout leur passé, leur histoire, comme s'ils traînaient un cadavre pesant. Pour certains d'entre eux, il n'est pas si lourd que ça, mais pour la majorité ce cadavre pèse beaucoup. Et non seulement il est très lourd, mais il sent très mauvais. Beaucoup d'entre nous le conservent pour le partager avec ceux que nous aimons. Avec la mémoire puissante dont nous disposons, nous le ramenons à la vie dans l'instant présent et nous le revivons sans cesse. Chaque fois que nous nous remémorons ces expériences, nous nous punissons à nouveau et nous sanctionnons aussi les autres, encore et toujours.

Les humains sont les seuls animaux sur Terre capable de se punir mille fois ou plus pour la même erreur, et de faire pareil avec autrui. **Comment peut-on évoquer l'injustice présente dans le monde, quand aucune justice ne règne dans notre propre monde intérieur ?** L'univers tout entier est régi par la justice, mais par la justice véritable, et non par cette justice déformée que nous avons créée, nous autres artistes. La véritable justice, c'est d'affronter ce que j'appelle le phénomène *action-réaction*. Nous vivons dans un monde de conséquences ; à chaque action correspond une réaction. La vraie justice consiste à payer une fois pour chaque erreur que nous commettons. Or, combien de fois payons-nous chacune de nos erreurs ? De toute évidence, ce n'est pas là de la justice.

Imaginons que vous vivez dans la culpabilité et la honte pour une erreur que vous avez commise voici dix ans. L'excuse que vous invoquez pour vos souffrances est la suivante : « J'ai commis une terrible erreur », et vous pensez que vous souffrez encore de ce qui s'est passé dix ans plus tôt, alors qu'en vérité c'est de ce qui s'est produit voici dix secondes. Vous vous jugez à nouveau pour la même erreur et, bien entendu, le grand juge déclare, « Tu dois être puni. » C'est simplement un phénomène d'action-réaction. *L'action* est le jugement que vous portez contre vous-même ; *la réaction*, la punition que vous vous infligez, sous forme de culpabilité et de honte. Toute votre vie, vous répétez la même action tout en espérant une réaction différente, chose qui ne se produit jamais. La seule façon de changer votre vie consiste à changer d'action, et alors la réaction changera.

Parvenez-vous à voir de quelle manière vous, la connaissance, vous *vous* blessez, *vous* l'être humain ? Vous pensez et vous jugez à l'aide de tous les symboles que vous avez appris. Vous élaborez toute une histoire qui maltraite l'humain en vous. Chaque fois que l'humain est maltraité, la réaction normale que cela suscite est la colère, la haine, la jalousie ou n'importe quelle autre émotion qui le fait souffrir. Notre système nerveux est une usine à émotions et celles que nous éprouvons dépendent de ce que nous percevons. En l'occurrence, nous percevons nos jugements, notre système de croyances, notre propre voix de la connaissance. Et tant que ce sont le juge, la victime et le système de croyances qui gouvernent notre monde virtuel, les émotions auxquelles nous donnons naissance seront la peur, la colère, la jalousie, la culpabilité et la honte. Qu'espérons-nous créer d'autre ? L'amour ? Bien sûr que non, même si ça nous arrive parfois.

La parole est une force que vous ne voyez pas, mais dont vous observez la manifestation, l'expression, c'est-à-dire votre propre vie. Ce sont vos réactions émotionnelles qui permettent de mesurer le degré d'impeccabilité de votre parole. Êtes-vous heureux ou malheureux ? Que vous appréciiez votre rêve ou que vous en souffriez, c'est vous qui le créez ainsi. Oui, vos parents, votre religion, les écoles que vous avez fréquentées, votre gouvernement et la société tout entière vous ont aidé à créer votre rêve, et il est vrai que vous n'avez guère eu le choix. Mais maintenant, vous en avez un. Vous pouvez créer le paradis, comme l'enfer. Rappelez-vous que tous deux sont des états de conscience qui existent en vous.

Aimez-vous être heureux ? Alors, soyez heureux et profitez de votre bonheur. Vous aimez souffrir ? Très bien ; alors, pourquoi ne pas profiter de vos malheurs ? Si vous choisissez de vous créer un enfer, très bien pour vous. Pleurez, souffrez et créez un chef-d'œuvre de vos douleurs. Mais si vous êtes conscient, il n'y a aucune chance pour que vous choisissiez l'enfer ; vous choisirez le paradis. Et l'on fait ce choix-là en ayant une parole impeccable.

Si vous avez une parole impeccable, comment pouvez-vous encore vous juger ? Comment pouvez-vous vous faire des reproches ? Ou vous sentir coupable ou honteux ? Quand vous ne créez plus aucune de ces émotions, vous vous sentez merveilleusement bien ! Voilà que vous souriez à nouveau, d'une manière tout à fait authentique. Vous n'avez plus à prétendre être comme ceci ou comme cela. Vous ne faites plus aucun effort pour être ce que vous n'êtes pas. Vous vous contentez d'être ce que vous êtes dans l'instant. Vous vous acceptez sur le moment, tel que vous êtes. Vous vous aimez ; vous appréciez votre propre compagnie. Vous ne vous maltraitez plus en utilisant des symboles contre vous-même.

Voilà pourquoi je redis encore une fois qu'il est extrêmement important d'être conscient. La tyrannie des symboles est d'une puissance considérable. Dans le rêve de l'attention seconde, le guerrier s'efforce de découvrir comment les symboles ont pris le pouvoir aux humains. Le guerrier livre une guerre contre les symboles, contre sa propre création, et pas parce qu'il déteste les symboles. Ces derniers sont une création magnifique ; ce sont nos œuvres d'art et il convient tout à fait de nous en servir pour communiquer. Mais sitôt que nous donnons tout notre pouvoir à ces symboles, nous devenons nous-mêmes impuissants et nous avons alors besoin d'être sauvés. Nous avons besoin d'un sauveur, car nous avons perdu le pouvoir de nous en sortir par nous-mêmes.

Alors on se tourne vers l'extérieur et on dit : « Oh Seigneur, je t'en prie, sauve-moi ! » Mais il n'appartient ni à Dieu, ni à Jésus, ni à Bouddha, Moïse ou Mohammed, ni à quelque autre maître, chaman ou gourou de nous sauver. Nous ne pouvons pas leur reprocher de ne pas nous sauver. Personne ne peut le faire, car personne d'autre que nous n'est responsable de ce qui arrive dans notre monde virtuel. Un prêtre, un pasteur, un rabbin, un chaman ou un gourou ne peuvent pas changer notre monde ; notre mari ou notre femme, nos enfants ou nos amis, non plus. En dehors de nous, personne ne peut changer notre monde, puisque celui-ci n'existe que dans notre tête.

Bien des gens disent que Jésus est mort pour nous, pour racheter nos péchés. C'est certainement une belle histoire, mais ce n'est pas Jésus qui fait nos choix. Au lieu de nous sauver, Jésus nous a dit que faire. Vous avez besoin d'aide ? D'accord. Vous devez suivre la vérité. Vous devez pardonner. Et vous aimer les uns les autres. Il nous a donné tous les outils, mais nous, nous disons : « Non. Je ne peux pas pardonner. Je préfère vivre avec mon poison émotionnel, avec ma fierté, avec ma colère et ma jalousie. » Si nous nous disputons avec les gens que nous aimons, nous provoquons beaucoup de résistance autour de nous, rappelez-vous, puisque nous vivons dans un monde de conséquences. Nous devons commencer par lâcher prise, par pardonner, car le pardon est la seule façon de nettoyer notre corps émotionnel de tout son poison.

Nous avons tous du poison émotionnel en nous, puisque nous avons tous des blessures émotionnelles. C'est comme ça. De même qu'il est normal que notre corps ait mal quand nous nous coupons, ou quand nous tombons et que nous nous cassons la jambe, il est également normal que notre corps émotionnel ait mal, car nous sommes vivants, nous sommes entourés de prédateurs et nous en sommes d'ailleurs nous aussi. Mais nous n'avons à en accuser personne ; les choses sont simplement ainsi. Quand on se fait des reproches, c'est notre poison émotionnel qui nous pousse à le faire. Au lieu d'accuser les autres, chacun peut assumer la responsabilité de sa propre guérison.

Si vous attendez que quelqu'un vienne vous sauver, autant que vous sachiez que vous devez vous sauver vous-même. Vous êtes votre propre sauveur, mais il y a des guides qui peuvent vous donner les outils pour vous aider à recouvrer conscience et à remporter votre guerre personnelle. Il y a des artistes qui peuvent vous indiquer comment créer un chef-d'œuvre céleste grâce à votre art.

Imaginons que vous soyez un bon artiste, mais voilà que débarque un maître d'art qui vous dit : « Je t'aime bien. Je voudrais que tu deviennes mon apprenti. Viens, je vais t'instruire. Le premier outil qu'il te faut pour devenir un maître d'art, et le plus important aussi, c'est : *que ta parole soit impeccable*. C'est tout simple. C'est toi qui écris ton histoire et tu ne vas quand même pas rédiger un récit contre toi. Deuxièmement, *quoi qu'il arrive, n'en fais pas une affaire personnelle*. Cela t'aidera beaucoup. La plupart de tes problèmes disparaîtront si tu conclus cet accord. Troisièmement, *ne fais pas de suppositions*. Ne te crée pas ton propre enfer ; arrête de croire des superstitions et des mensonges. Et, quatrièmement, *fais toujours de ton mieux*. C'est l'entraînement qui conduit à la maîtrise. C'est simple. »

Puis, vient un moment où vous commencez à voir toute votre création d'un autre point de vue. Vous prenez conscience que vous êtes le créateur artistique de votre vie. C'est vous qui créez la toile, la peinture, les pinceaux et le tableau. C'est vous qui donnez sens à chaque coup de pinceau sur la toile de votre vie. C'est encore vous qui mettez toute votre foi dans votre œuvre. Et vous dites : « L'histoire que je crée est magnifique, mais je ne la crois plus. Je ne crois plus à ma propre histoire, ni à celle d'autrui. Je vois bien que ce n'est qu'une œuvre d'art. » Formidable. Voilà le cinquième accord toltèque. Vous retrouvez votre bon sens, vous revenez à la vérité, à votre moi *réel. Soyez sceptique, mais apprenez à écouter.*

Dans le rêve de l'attention seconde, il vous faut des outils pour gagner la guerre et changer votre monde, et c'est précisément l'objectif de tous ces nouveaux accords. Ce sont des outils destinés à transformer votre rêve, à le maîtriser, et l'usage que vous en faites ne dépend que de vous. Ces cinq accords tout simples ont le pouvoir de semer la graine du doute dans tous les accords qui vous limitent, tous ces accords fondés sur la peur que vous avez conclus au cours de votre existence. Votre seule chance de désapprendre les mensonges présents dans vos connaissances consiste à faire usage de l'attention. C'est l'attention qui vous a permis d'élaborer le premier rêve, et c'est donc à elle que vous devez faire appel pour désapprendre ce rêve.

Les quatre accords toltèques sont les outils qui vous permettent d'utiliser votre attention une deuxième fois, afin de créer votre paradis personnel ; et le Cinquième Accord est l'outil qui vous permet de gagner la guerre contre la tyrannie des symboles.

Les quatre accords servent à votre transformation personnelle, alors que le cinquième en signe la fin et augure le moment où vous vous faites le plus grand cadeau qui se puisse : celui du *doute*.

Nous avons dit que c'était le doute qui avait provoqué notre chute du paradis. Eh bien, notre retour au paradis passe à nouveau par le doute. C'est l'outil qu'on utilise pour recouvrer sa foi, pour soustraire son pouvoir à tous les mensonges et les superstitions auxquels on croit et le récupérer pour soi-même. Bien sûr, on peut aussi faire usage du pouvoir du doute contre soi, en doutant de soi-même, en doutant de la vérité. Dans le récit d'Adam et Ève, à peine l'homme a-t-il douté être Dieu que ce doute a ouvert la porte à un autre, puis un autre et encore un autre. Sitôt qu'on doute de la vérité, on commence à croire à des mensonges. Et bien vite on en croit tellement qu'on ne distingue plus la vérité, et on chute alors de son rêve de paradis.

Le doute est l'une de nos magnifiques créations, aussi bien pour aller en enfer que pour en sortir. Dans un cas comme dans l'autre, le doute ouvre ou ferme la porte qui permet aux symboles de prendre possession de nous. Quand on doute de soi, quand on doute de la vérité, tout l'arbre de la Connaissance – toute cette mythologie qui contrôlait notre attention depuis la naissance – s'empare à nouveau de nous. La voix de la connaissance recommence à nous posséder et l'on se met alors à éprouver la colère, la jalousie et le sentiment d'injustice qui accompagnent tous ces symboles, toutes ces suppositions, toutes ces *pensées.*

Alors, au lieu de douter de vous, ayez foi en vous. Au lieu de douter de la vérité, doutez des mensonges. *Soyez sceptique, mais apprenez à écouter.* Le cinquième accord toltèque vous ouvre les portes du paradis ; la suite ne dépend que de vous. Cet accord vous montre comment être au paradis et comment laisser le paradis être en vous. Il vous apprend à lâcher prise de votre attachement aux symboles, y compris à votre propre nom, pour vous fondre dans l'infini ; il vous enseigne à devenir authentique, à croire en vous sans l'ombre d'un doute, car le plus petit doute suffit à mettre un terme à l'expérience du paradis.

Quand vous avez foi en vous, vous suivez les instincts avec lesquels vous êtes né. Vous n'avez aucun doute quant à qui vous êtes et vous retrouvez votre bon sens. Vous disposez de tout le pouvoir de votre authenticité ; vous avez confiance en vous, confiance en la *vie.* Vous êtes confiant que tout se passera bien et votre vie est de plus en plus facile. Le mental n'a plus besoin de tout comprendre ; il n'a pas besoin de *savoir.* Soit vous savez quelque chose, soit vous ne le savez pas, mais vous n'avez aucun doute, que vous sachiez ou non. Si vous ne savez pas, vous l'acceptez. Vous n'essayez pas de deviner ou d'inventer les choses. Quand vous êtes parfaitement authentique, vous vous dites la vérité, sans aucun doute : « J'aime ceci ; je n'aime pas cela. Je veux ceci ; je ne veux pas de cela. » Rien ne vous oblige à faire ce que vous n'aimez pas faire. Vous profitez de votre vie en faisant exactement ce que vous aimez.

C'est quand on essaie de se sacrifier pour autrui qu'on se complique la vie. De toute évidence, vous n'êtes pas là pour vous sacrifier pour les autres. Vous n'êtes pas là non plus pour vous rallier à l'opinion ou au point de vue des autres. Dans *le rêve de l'attention seconde*, l'un des premiers défis à relever est la peur d'être vous-même, d'être votre *vrai* moi. Si vous avez le courage de relever ce défi, vous constaterez que tous vos motifs de peur n'existent même pas. Vous découvrirez alors qu'il est beaucoup plus facile d'être soi-même que d'essayer d'être ce que l'on n'est pas. Le rêve de l'enfer vous fatigue puisqu'il épuise toute votre énergie pour préserver une image, le masque social que vous portez. Vous êtes fatigué de faire semblant ; fatigué de ne pas être *vous*. Être tout simplement authentique, voilà la meilleure chose que vous puissiez faire. Quand vous êtes authentique, vous pouvez faire ce que vous voulez ; vous pouvez croire ce qui vous chante, y compris croire en vous.

Est-il si difficile d'avoir foi en vous-même, de croire en *vous* plutôt qu'à tous ces symboles ? Bien sûr, vous pouvez croire à des théories scientifiques, à diverses religions, opinions et points de vue, mais ce n'est pas là la foi *véritable*. Avoir foi en soi-même, voilà ce qu'est la foi véritable. Se faire confiance d'une manière inconditionnelle, parce qu'on sait qui on est vraiment, or ce que nous sommes, c'est la vérité.

Une fois que vous aurez recouvré conscience de qui vous êtes, la guerre qui se livre dans votre tête s'achèvera. De toute évidence, c'est vous qui créez tous les symboles. Et comme l'origine du pouvoir de votre parole est évidente – car votre parole a effectivement du pouvoir –, rien ne peut s'y opposer. Dès lors, votre parole devient impeccable puisque c'est vous qui contrôlez les symboles, et non plus eux qui vous contrôlent. Une fois que votre parole est impeccable, chacun de vos choix dans la vie s'appuie sur la vérité et vous gagnez ainsi la guerre contre le tyran. Les mots sont là, prêts à répondre à vos ordres, mais ils n'ont de sens que quand vous les utilisez pour communiquer, pour établir une connexion directe avec quelqu'un. Une fois que vous cessez de vous en servir, ils n'ont à nouveau plus de sens.

Vers la fin du rêve de l'attention seconde, la forme humaine commence à tomber en morceaux et votre réalité change à nouveau. Elle se transforme, car vous ne percevez plus le monde à travers la structure rigide de vos croyances. La guerre est finie puisque vous n'avez plus foi en des mensonges. Même si les mensonges existent encore, vous n'y *croyez* plus. Comme vous le savez, la vérité est, tout simplement ; vous n'avez pas besoin d'y croire. Vous ne croyez plus en rien, mais vous êtes capable de voir, et ce que vous voyez est la vérité. La vérité est là sous vos yeux ; elle est unique et parfaite. Ce n'est peut-être pas le cas de votre façon d'interpréter, ni de la manière dont vous utilisez la parole pour médire de vous et d'autrui, mais dès lors que vous voyez la vérité, qui se soucie de ce dont rêvent les autres ? Ce dont rêvent les gens qui vous entourent n'a pas d'importance. Ce qui compte, c'est votre expérience, c'est d'utiliser tous les outils dont vous disposez pour affronter ce que vous croyez, pour voir la vérité, pour gagner votre guerre personnelle.

Vous n'avez pas besoin de rivaliser avec autrui ; vous n'avez pas davantage besoin de vous comparer à quiconque. Il vous suffit d'être qui vous êtes, d'être l'amour, mais l'amour *véritable*, et non cette espèce d'amour qui prend possession de vous et vous fait croire à l'amour. Pas l'amour qui vous rend jaloux et possessif, et qui vous propulse directement en enfer, avec toutes les tortures et les punitions qu'on y trouve. Pas non plus l'amour qui vous fait vous sacrifier en son nom ou qui vous incite à faire du mal aux autres ou à vous-même, toujours en son nom. Le symbole de l'amour a subi de telles distorsions ! **L'amour véritable, c'est celui avec lequel vous êtes né. L'amour véritable, c'est ce que vous êtes vous-même.**

Vous êtes venu au monde avec tout ce qu'il vous fallait pour vous en sortir. Si vous affrontez vos peurs aujourd'hui, demain vous verrez le rêve de l'attention seconde, le monde des guerriers. Mais le fait de vaincre la peur aujourd'hui ne signifie pas que vous ayez gagné la guerre. Non, la guerre n'est pas finie ; elle ne fait que commencer. Vous continuez de juger ; il vous reste encore tous ces problèmes. Vous pensiez en avoir fini, et boum ! votre tyran est de retour. Eh oui, il revient et revient encore. Et ce n'est pas seulement le tyran qui est en vous, mais aussi celui qui loge en tous ceux qui vous entourent, et certains sont pires que d'autres. Mais même si vous êtes en guerre depuis plusieurs années, au moins, vous êtes capable de vous défendre. En tant que guerrier, vous pouvez gagner la guerre ou la perdre, mais du moment que vous avez conscience, vous n'êtes plus une victime ; vous êtes en guerre et c'est là où en sont la plupart des gens aujourd'hui, jusqu'à ce que cette guerre soit gagnée.

Dans le rêve de l'attention seconde, vous commencez à vous créer votre propre paradis sur Terre. Vous vous mettez à investir votre foi dans des accords qui soutiennent la *vie*, des accords qui augmentent votre choix, votre bonheur et votre liberté. Mais ce n'est qu'une étape de votre évolution. Il y en a bien d'autres. **Le moment viendra où vous maîtriserez la conscience, ce qui veut dire que vous maîtriserez la vérité.** Et, à propos, vous maîtriserez également la transformation ; vous maîtriserez l'amour, l'intention ou la foi, parce que, parvenu à ce stade, vous croirez en vous.

Cette transformation a pour résultat la création d'une autre réalité qui possède la même structure que les deux premiers rêves, sauf que dans cette réalité-là vous ne croyez plus à ce que vous croyiez autrefois. Vous ne croyez plus aux mensonges que vous avez appris ; vous ne croyez même plus aux mots qui vous ont été enseignés. En revanche, vous n'avez aucun doute quant à ce que vous vivez, ce que vous êtes.

Le rêve suivant, le rêve de l'attention tierce, n'est pas très éloigné. Mais vous devez tout d'abord remporter la guerre qui se livre dans votre tête, et vous possédez désormais les outils pour le faire. Alors, pourquoi ne pas vous y mettre ? Passez à l'action, mais arrêtez *d'essayer*. Si vous essayez, vous mourrez en essayant, et je peux vous assurer que des millions de guerriers sont morts à force d'avoir essayé. Très peu finissent par gagner la guerre qui ravage l'esprit humain, mais ceux qui y parviennent en utilisant leur attention une deuxième fois recréent alors tout leur monde.

CHAPITRE 11

LE RÊVE DE L'ATTENTION TIERCE

Les maîtres

Le rêve de l'attention seconde prend fin au moment où il se produit quelque chose de très important dans votre vie, qu'on appelle *le jugement dernier*. C'est en effet la dernière fois qu'on porte un jugement contre soi-même ou contre n'importe qui d'autre. C'est le jour où l'on s'accepte enfin comme on est, et où l'on accepte du même coup les autres tels qu'ils sont. Quand vient le jour de notre dernier jugement, la guerre s'achève dans notre tête et *le rêve de l'attention tierce* débute. Ce sera la fin de notre monde, mais également son début, puisque nous ne serons plus dans le rêve des guerriers. Nous serons dans le monde supérieur, que j'appelle *le rêve des maîtres*.

Les maîtres sont d'anciens guerriers. Ils ont gagné leur guerre personnelle et sont en paix. *Le rêve des maîtres* est un rêve de vérité, un rêve de respect, un rêve rempli d'amour et de joie. C'est le terrain de jeu de la vie ; c'est ce que nous sommes destinés à vivre, et seule la conscience peut nous y conduire.

De nombreuses religions parlent du jugement dernier comme d'une punition pour les pécheurs. Elles en parlent comme du jour où Dieu viendra nous juger et anéantira tous les pécheurs. Ce n'est pas vrai. Le jugement dernier est une carte du tarot, ce dernier étant lui-même une ancienne mythologie qui nous vient d'Égypte. Quand les écoles de mystère parlent du jugement dernier, on attend ce jour avec impatience, puisque c'est celui où les morts sortiront de la tombe, celui où nous ressusciterons tous. C'est le jour où on retrouve la conscience, où l'on se réveille du rêve du monde souterrain. C'est aussi le jour où on n'a plus peur d'être à nouveau vivant. On revient enfin à son état véritable, à son moi divin, et l'on éprouve alors une communion d'amour avec tout ce qui existe.

La résurrection est un concept merveilleux qu'on retrouve dans les écoles de mystère tout autour du globe. Une fois que vous avez conscience que pratiquement tout ce que vous avez appris à l'aide de symboles n'est pas la vérité, il ne vous reste plus qu'à jouir pleinement de la vie, et c'est cela la résurrection. Tant que vous attribuez un sens à toutes choses par le biais de symboles, votre attention est dispersée dans de nombreuses choses à la fois.

Quand vous cessez de projeter ce sens sur chaque chose, vous êtes dans un état de communion et vous devenez alors le Grand Tout. Vous devenez le seul être vivant qui existe. Il n'y a plus de différence entre vous et n'importe quelle étoile dans le ciel, ou entre vous et le moindre caillou du désert. Tout ce qui existe fait partie du seul être vivant qui soit. Quand vous vivrez cette vérité, fût-ce pour un instant seulement, toute la structure de votre système de croyances disparaîtra et vous vous retrouverez dans ce merveilleux rêve du paradis.

Aujourd'hui peut être un jour comme n'importe quel autre, comme il peut devenir un jour de célébration, le jour de votre résurrection, celui où vous changez votre monde en revenant à la vie. Aujourd'hui peut-être le jour où votre moi réel sort de cette tombe qui consiste à croire que vous êtes ce que vous *pensez* être, et où vous devenez enfin ce que vous êtes *réellement*.

Dans le rêve de l'attention tierce, vous avez enfin la conscience de qui vous êtes, mais pas avec des mots. Et comme nul mot ne peut expliquer qui vous êtes, vous retrouvez la paix, ce lieu où vous n'avez pas besoin de mots pour savoir qui vous êtes. Voilà ce que révélaient les maîtres des philosophies ésotériques à leurs apprentis. **Le point le plus haut que vous puissiez atteindre, c'est celui où vous dépassez les symboles pour vous unir à la vie, à Dieu.**

Les religions antiques affirmaient que personne ne peut prononcer le nom de Dieu, et c'est absolument vrai, puisque aucun symbole ne peut Le décrire. La seule façon de connaître Dieu, c'est d'être Dieu. Quand vous devenez Dieu, vous vous dites alors : « Oh, voilà pourquoi je ne parvenais pas à apprendre ce symbole. » La vérité, c'est que nous ne connaissons pas le nom de celui/celle qui nous a créés. Le terme *Dieu* n'est qu'un symbole qui représente ce qui existe *réellement*, et je m'en méfie car c'est un symbole qui a été extrêmement déformé. Si l'on emploie des symboles pour décrire Dieu, il faut alors se mettre d'accord sur leur signification, puis sur le point de vue à adopter. Il existe des milliards de points de vue différents. En tant qu'artiste, je fais de mon mieux pour dépeindre Dieu à l'aide de mots, et c'est tout ce que je peux faire : un portrait de Dieu, de mon point de vue personnel. Quoi que je dise, bien entendu, ce n'est qu'une histoire qui n'est vraie que pour moi. Peut-être aura-t-elle un sens à vos yeux, peut-être pas, mais au moins vous aurez une idée de mon point de vue à moi.

Le rêve des maîtres est un peu difficile à expliquer, car l'enseignement véritable se fait sans mots. Simplement par la présence. Si vous pouviez sentir la présence d'un maître, vous en apprendriez bien davantage que par les mots. Ces derniers sont incapables d'expliquer ne serait-ce que la plus petite parcelle de cette expérience, mais si vous faites appel à votre imagination, les mots peuvent vous conduire jusqu'au lieu où vous ferez cette expérience par vous-même. Et c'est précisément mon intention, en ce moment ; que vous élargissiez votre conscience jusqu'à pouvoir *percevoir* ce que vous êtes vraiment, jusqu'à pouvoir *ressentir* qui vous êtes vraiment.

Au lieu de recourir à des mots, le mieux serait sans doute de vous permettre de vous retrouver face à Dieu, afin que vous puissiez Le voir de vos propres yeux. Et si je vous montrais Dieu, face à face, ce que vous verriez, ce serait vous-même. Croyez-le ou non, mais c'est bien vous-même que vous verriez, puisque vous êtes une de Ses manifestations. De même, si vous pouviez voir ce qui *meut* votre corps, vous verriez le *vrai* Dieu. Regardez votre main. Bougez vos doigts. La force qui anime vos doigts est ce que les Toltèques nomment *l'intention* ou ce que j'appelle *la vie, l'infini* ou encore *Dieu.*

L'intention est le seul être vivant qui soit, et c'est la force qui anime toute chose.

Vous n'êtes pas vos doigts. Vous êtes la force qui les anime. Vos doigts vous obéissent. Vous pouvez invoquer toutes les explications que vous voulez : « Oh, c'est mon cerveau, ce sont mes nerfs... » Mais si vous visez la vérité, la force qui meut vos doigts est la même que celle qui produit votre rêve ; c'est cette même force qui ouvre une fleur, qui anime le vent ou soulève une tornade, c'est elle qui met en mouvement les étoiles à travers tout l'univers et qui fait graviter les électrons autour du noyau. Vous êtes cette force qui se manifeste d'une infinité de manières à travers tous les univers.

La manifestation première de cette force est la lumière, ou l'énergie, ce qui revient au même, et chaque chose est créée grâce à cette énergie. Les scientifiques savent que toute chose est faite d'énergie, et comme seule une force dans l'univers engendre cette énergie, à ce stade, la science et la religion se rejoignent, et nous pouvons comprendre que nous sommes Dieu, parce que nous sommes la lumière. Voilà ce que nous sommes ; voilà ce que sont toutes choses, à des milliards et des milliards de fréquences différentes : des manifestations différentes de lumière. Et, ensemble, toutes ces fréquences différentes ne créent qu'une seule lumière.

L'intention est la force qui engendre la lumière et l'on peut dire de la lumière qu'elle est donc le messager de l'intention, puisque c'est elle qui est porteuse du message de vie qui s'en va partout. La lumière possède toute l'information nécessaire pour créer tout ce qui existe, y compris toutes les formes de vie – celle des hommes, des singes, des chiens, des arbres – absolument tout. Toutes les espèces vivantes présentes sur la planète Terre ont été créées à partir d'une fréquence ou d'un rayon spécifique de lumière que les scientifiques appellent l'ADN. Les différences entre deux ADN peuvent être minimes, mais dans la manifestation, elles peuvent se traduire par ce qui distingue un humain d'un singe, un humain d'un jaguar, ou encore un humain d'un arbre.

La lumière a de nombreuses propriétés. Elle est vivante. C'est un être vivant et extrêmement intelligent. Elle crée sans cesse ; elle se transforme en permanence et ne peut être détruite. Elle est partout et toutes les choses sont pleines de lumière, mais on ne la voit que lorsqu'elle est réfléchie par la matière. Quand on envoie un objet dans l'espace depuis la planète Terre, on le voit parce qu'il réfléchit la lumière. Il n'y a pas d'espace vide entre les étoiles, entre les galaxies ou les univers, ce qui veut dire que tous les univers sont reliés.

Vous êtes un univers tout entier. La Terre en est un autre. Le soleil et les planètes qui gravitent autour de lui sont aussi un univers. Tous ensemble, les divers systèmes solaires représentent également un autre univers, et l'on pourrait poursuivre ainsi indéfiniment, jusqu'à n'avoir qu'un seul être vivant constitué de milliards et de milliards d'entités vivantes différentes.

Chaque être vivant est protégé par une force qu'on nomme *l'âme*. L'âme est la force qui réunit tout un univers et reconnaît la totalité de cet être. L'âme rend la matière impénétrable, ce qui veut dire qu'elle crée ce qui s'apparente à des divisions entre les êtres. C'est elle qui donne une forme à toute chose ; en son absence, il n'y aurait aucune différence entre vous, une fleur, un poisson et un oiseau. Votre âme est née au moment de votre conception et elle reconnaît chacun des éléments qui la composent : chaque molécule, chaque cellule, chaque organe de votre être. Votre âme reconnaît tout ce qui appartient à votre univers, et elle rejette tout ce qui n'en fait pas partie.

Dans le rêve de l'attention tierce, vous êtes conscient du fait que votre corps est un univers tout entier, constitué de milliards d'entités vivantes, constitué d'atomes, de molécules, de cellules, de tissus, d'organes, de systèmes, jusqu'à ne former qu'un seul univers. Si on se place au niveau du mental, il ne semble exister qu'un seul point de vue, celui qui correspond à vos yeux. Mais, si vous plongez dans les profondeurs de la conscience, vous découvrirez que chaque atome de votre corps possède un point de vue personnel, car il est vivant. Chaque atome est un univers en soi ; il n'est rien d'autre qu'un système solaire miniature, avec des étoiles et des planètes. Ce que tous ces univers ont en commun, c'est qu'ils sont tous vivants et animés de la puissance totale de l'infini.

Vous, vous qui êtes cette force, vous êtes vivant ; vous êtes le pouvoir total. Vous êtes la vérité ; vous êtes réel. Tout le reste, y compris tout ce que vous avez appris à l'aide de symboles, n'est pas la vérité. Ce n'est pas réel. C'est une illusion, et c'est magnifique. La lumière n'est pas seulement intelligente ; elle possède une mémoire. Elle se crée une image d'elle-même ; elle crée tout cet univers d'illusion qui devient votre mental, votre façon à vous de rêver. Vos rêves ne sont pas matériels ; ils sont un reflet de la matière, et ce reflet existe dans cette matière qu'on nomme le *cerveau*. Le cerveau n'est rien d'autre qu'un miroir. Comme on l'a vu plus haut, si vous regardez dans un miroir, vous voyez votre propre esprit, votre propre rêve.

La première fois que vous ouvrez les yeux, vous commencez à percevoir la lumière et celle-ci devient votre guide. La lumière projette des informations dans vos yeux que vous ne comprenez pas, mais vous avez été conçu pour percevoir la lumière, pour faire un avec elle, puisqu'elle représente votre autre moitié. Et comme vous êtes fait de lumière, vous créez sans cesse, vous vous transformez sans cesse, vous évoluez sans cesse. La lumière atteint directement votre cerveau et elle le réarrange pour vous modifier, vous, la réalité virtuelle, afin que vous deveniez un meilleur reflet d'elle. Quand la lumière modifie votre cerveau, celui-ci transforme l'usine de Dieu, l'ADN, en vue du prochain être humain susceptible de sortir de vous.

Et de même que votre corps comprend différents organes – cerveau, foie, poumons, estomac, peau – qui, ensemble, vous créent *vous*, un tout, chacun de vos organes est lui aussi constitué de différents types de cellules qui le créent. Vos cellules savent-elles qu'ensemble elles ne constituent qu'un seul être vivant, en l'occurrence *vous* ? Et nous autres, êtres humains, savons-nous que, tous ensemble, nous ne formons qu'un seul être, à savoir *l'humanité* ?

Vous êtes entouré de milliards d'êtres humains. Comme vous, ils ont été programmés pour être humains. Qu'ils soient hommes ou femmes, vous les reconnaissez ; vous savez que ce sont des humains comme vous. Vous le *savez*. Mais, ce que vous ne savez peut-être pas, c'est que nous, les humains, nous formons un organe de cette magnifique planète Terre. Notre planète est vivante. C'est un être vivant et l'humanité tout entière travaille pour lui, comme un organe de cet être. Les forêts en sont un autre, l'atmosphère également, tout comme chacune des espèces vivantes, et nous œuvrons tous ensemble à préserver un équilibre qui représente le métabolisme de la planète Terre.

Toute l'humanité n'est qu'un seul être vivant, et ce n'est plus seulement une théorie. Nous tous, les humains, nous vivons ensemble. Nous avons le même type de corps ; la même sorte de cerveau, les mêmes besoins. Nous avons créé tous ces symboles pour nous comprendre. Que l'on soit homme ou femme, que l'on soit victime, guerrier ou maître, nous sommes tous pareils. Aucun être humain n'est meilleur ou pire qu'un autre. Aucun être humain n'est meilleur ou pire que la moindre chose qui existe dans l'univers. Au niveau le plus profond de notre être, il n'existe aucune différence entre un humain et un chien, ou entre un humain et une mouche, une puce ou une fleur. Nous sommes pareils ; nous partageons la même origine, peu importe d'où nous vient notre histoire. Que l'on soit chrétien, bouddhiste, musulman ou hindou n'a aucune importance. **Nous venons tous du même endroit, et nous y retournerons tous.**

L'infini a créé tout ce qui existe, et quand ce cycle s'achèvera, tout retournera à l'infini. Bien sûr, le corps meurt, car il est mortel, mais *vous*, la force, vous êtes immortel. Dans cette force où vit l'esprit, la seule chose qui meure ce sont les mensonges. Dans l'Égypte ancienne, on disait ceci : si votre cœur est plus léger qu'une plume au moment de votre mort, bienvenue au paradis. Si votre cœur est plus lourd qu'une plume, en revanche, vous n'irez pas au paradis. Les mensonges ne peuvent se fondre dans le pouvoir, mais la vérité y retourne, car elle en est un reflet ; elle est un reflet de l'infini. La question devient donc : quel est le poids de vos mensonges ? Votre cœur est-il lourd de colère, de peur, de culpabilité et de regrets ?

Dans le rêve de l'attention tierce, la vérité a déjà détruit tous les mensonges et seule survit la vérité, c'est-à-dire votre moi réel. Vous êtes cette force. Vous êtes la vie, qui est vérité, et à partir de là, votre rêve devient paradisiaque. Ça devient un chef-d'œuvre magnifique, une très belle œuvre d'amour. Ce qui vous conduit à la troisième maîtrise des Toltèques, *la maîtrise de l'amour* que l'on peut également appeler *maîtrise de l'intention* ou *de la foi*. Je préfère l'appeler *maîtrise de la foi*, car c'est une maîtrise qui consiste à vous faire confiance, c'est-à-dire à réaliser le pouvoir que vous avez : le pouvoir de l'intention, le pouvoir de la vie, le pouvoir de croire, le pouvoir de la foi, le pouvoir de l'amour. C'est chaque fois le même pouvoir, bien entendu. Il représente *le pouvoir total.*

Dès l'instant où vous maîtrisez la foi, vous vivez votre vie dans l'amour, puisque vous êtes l'amour, et c'est merveilleux. À ce moment-là, vous acceptez complètement votre corps, vos émotions, votre vie et votre histoire. Vous vous respectez ; vous respectez tous les autres artistes, tous vos frères et sœurs ; vous respectez toute la création. Vous vous aimez d'une manière inconditionnelle et vous n'avez plus peur d'exprimer votre amour, de dire « Je t'aime » aux autres. Quand vous maîtrisez la foi, quand vous vivez une vie d'amour, vous voyez votre amour se réfléchir en chacun des personnages secondaires de votre histoire et vous aimez chacun d'eux d'une manière inconditionnelle, comme vous-même.

Cela change vos relations avec tout le reste de l'humanité. Cela vous rend totalement impersonnel. Vous n'avez plus de raison à invoquer pour aimer ou ne pas aimer quelqu'un ; vous ne *choisissez* même pas d'aimer, puisque l'amour est votre nature. La lumière émane de vous comme elle le fait du soleil. Toute votre nature rayonne de vous, telle qu'elle est, sans attente. Et votre amour n'a rien à voir avec les mots que vous avez dans la tête. Il n'y a plus d'histoires. C'est une expérience qu'on nomme la *communion*, ce qui veut dire avoir la même fréquence, la même vibration que l'amour. Voilà comment vous étiez avant d'avoir appris à parler, parce que vous êtes passé des profondeurs infernales du rêve de l'attention première dans un rêve meilleur, le rêve de l'attention seconde, jusqu'à finir par rêver le rêve de l'attention tierce, où vous savez que tout ce que vous voyez, tout ce que vous rêvez, n'est qu'une réalité virtuelle constituée de lumière.

Depuis des milliers d'années, des gens savaient que trois mondes existent dans chaque être humain. Dans pratiquement toutes les philosophies et les mythologies, on voit que toutes choses ont été divisées en trois mondes, bien qu'on leur ait donné des noms différents et qu'on ait utilisé des symboles différents pour les décrire. Comme nous l'avons vu, dans la tradition des artistes, c'est-à-dire chez les Toltèques, on connaît ces trois mondes sous les noms de *rêve de l'attention première, rêve de l'attention seconde* et *rêve de l'attention tierce*. En Grèce et en Égypte, on les nommait *le monde souterrain, le monde* et *le monde supérieur*. Dans la tradition chrétienne, ce sont *l'enfer, le purgatoire* et *le paradis*.

La vision du monde que nous avons aujourd'hui diffère à bien des égards de la compréhension qu'avaient les gens voici des milliers d'années. Pour eux, le monde n'était pas une planète ; le monde, c'était tout ce qu'on peut percevoir, tout ce qu'on sait. C'est pour cela qu'on disait que chaque tête est un monde, puisque chacun d'entre nous engendre un univers tout entier dans sa tête, avant de vivre dans ce monde-là. La majorité des humains vivent dans le rêve de l'attention première, dans le monde souterrain. Une autre part importante de l'humanité vit dans le rêve de l'attention seconde, dans le monde des guerriers, et c'est en raison de ce rêve-là que l'humanité progresse dans la bonne direction et évolue comme elle le fait actuellement.

Nous croyons habituellement que le monde supérieur est tout de bonté, tandis que le monde souterrain n'est que peur et méchanceté, mais ce n'est pas exactement vrai. Ces mondes existent tous les trois en chaque être humain. Nous portons le monde souterrain en nous-mêmes, comme nous portons également le monde supérieur. Le monde souterrain est d'une richesse infinie, comme l'est lui aussi le monde supérieur, et tous deux se rencontrent dans le monde, c'est-à-dire là où nous vivons. Accéder au monde souterrain est un choix, comme l'est aussi l'accès au monde supérieur.

Dans le rêve des maîtres, on est conscient que faire un choix, c'est détenir le pouvoir dans ses mains. On contrôle tout son rêve en faisant des choix. Chacun de ces choix a des conséquences et le maître du rêve en a conscience. Faire un choix peut ouvrir de nombreuses portes et en fermer tout autant. Refuser de faire un choix est une autre manière d'en faire un. En effectuant des choix, on devient maître dans l'art de rêver et on se crée la vie la plus magnifique qui soit.

N'importe qui peut devenir un grand artiste du rêve, mais on n'atteint la maîtrise que lorsqu'on contrôle totalement son rêve, ce qui veut dire qu'on a recouvré le contrôle de sa propre attention. **Quand on est maître de l'attention, on maîtrise véritablement l'intention, ce qui veut dire qu'on a le contrôle absolu de ses choix.** À ce stade, le rêve de notre vie prendra exactement l'orientation que nous souhaiterons.

Dans le rêve ordinaire des humains, c'est le système de croyances qui contrôle l'attention. Et dans la mesure où notre pouvoir personnel, notre volonté, est faible, n'importe qui peut capter notre attention et instiller une opinion dans notre esprit. La volonté, ou l'intention, est la force qui anime tout ce qui existe, la force qui peut modifier la direction de ce qui existe. La volonté est ce qui retient l'attention, ce qui la meut. Une fois qu'on a acquis assez de pouvoir pour utiliser sa volonté, on prend le contrôle de l'attention. On peut alors enfin contrôler ses croyances et remporter la guerre pour la domination de notre rêve.

Dans le rêve de l'attention tierce, notre intention n'est plus fixée sur la vie. Nous *sommes* la vie, nous *sommes* l'intention, or c'est l'intention qui contrôle l'attention. Le rêve de l'attention tierce est celui de l'intention pure. Nous prenons conscience que nous sommes la vie, non pas de manière purement intellectuelle, mais en action, sous forme d'une parfaite conscience. Nous voyons désormais avec les yeux de la vérité, ce qui nous procure un point de vue complètement différent.

La première fois que vous apprenez à rêver, votre système de croyances crée des millions de petites barrières qui font obstacle à la vérité. Quand la structure de votre système de croyance disparaît, vous ôtez ces barrières et vous cessez dès lors de ne voir que d'un seul point de vue. Vous parvenez à avoir plusieurs points de vue à la fois. Vous ne vous voyez plus seulement du point de vue d'un être humain, mais aussi de la perspective d'une force. Vous ne vous voyez pas seulement comme une force, mais également comme la manifestation de cette force. Vous savez que vous êtes de la lumière, que vous êtes juste une image dans la lumière, et vous vous servez de votre attention pour être témoin du rêve, du point de vue de la lumière. Vous ne considérez plus tout ce qui est extérieur comme étant séparé de vous. Vous ressentez la totalité de vous-même en chaque chose. Vous avez l'impression d'être le seul être vivant qui existe, et vous ne vous contentez pas de le ressentir ; vous le *savez*. Comme nous l'avons déjà dit, vous comprenez qui vous êtes, mais sans mots. Vous n'avez plus besoin de symboles. Si vous faites appel à des symboles pour comprendre qui vous êtes, vous risquez de vous perdre en eux, tout en cherchant à vous comprendre.

Vous dites que vous êtes un *humain*, et sans doute vous identifiez-vous à ce symbole, mais en Chine, vous n'êtes pas un humain ; en Espagne, non plus ; en Allemagne, pas davantage. Le terme *humain* n'est qu'un symbole, et quelle en est la signification ? Vous pourriez rédiger un ouvrage tout entier et utiliser des milliers de symboles pour décrire la signification du mot *humain*, mais il en manquerait encore certains éléments, et nous ne parlons là que d'un seul symbole ! Recourir à des symboles pour comprendre qui vous êtes est un non-sens. Quoi que vous puissiez *penser* être, ce ne sera jamais la vérité, puisque les symboles ne sont pas la vérité.

Si vous dites à un chat : « Hé, toi, le chien ! », il s'en fichera ; il ne répondra pas. En revanche, si vous dites à quelqu'un : « Hé, toi, le chien ! », il vous rétorquera certainement : « Je ne suis pas un chien ! » Certaines personnes en seront offensées, d'autres en riront ; ce sera tragique pour les uns et comique pour d'autres, car nous avons tous des points de vue différents. Les animaux ont-ils besoin de connaître le symbole qui les représente ? En l'occurrence, ils n'en savent rien et ils s'en moquent. Ils se contentent d'être ce qu'ils sont. Ils n'ont pas besoin de symboles pour justifier leur existence.

Si quelqu'un me demande ce que je suis, je peux dire : « Je suis un être humain. Je suis un homme. Je suis constitué d'énergie. Je suis un père, je suis un docteur. » Je peux utiliser tous ces symboles pour identifier ce que je suis, pour me justifier, pour essayer de me comprendre. Mais en réalité, ces symboles ne veulent rien dire. En vérité, je ne sais pas ce que je suis. **La seule chose que je sache, c'est que je suis.** Je suis vivant et vous pouvez me toucher. Je rêve et j'ai conscience de rêver. En dehors de cela, rien d'autre n'a d'importance, puisque tout le reste n'est qu'une histoire. Les symboles ne me diront jamais qui je suis ni d'où je viens, et cela n'a aucune importance, puisque j'y retourne de toute façon. Voilà pourquoi l'un de mes héros favoris est le personnage de bande dessinée Popeye, le marin qui dit : **« Je suis qui je suis, et c'est tout ce que je suis. »** Ça, c'est de la sagesse. Cela veut dire accepter complètement et respecter totalement ce que je suis, car je suis la vérité. Ce que je dis n'est peut-être pas la vérité, mais *je suis* la vérité, et il en va de même pour vous.

Vous êtes vivant ; vous existez, c'est vrai, mais qu'êtes-vous ? La vérité, c'est que vous n'en savez rien. Vous ne savez que ce que vous croyez être, vous savez ce qu'on vous a dit que vous étiez, ce qu'on vous a appris que vous étiez, ce que vous prétendez être ou encore comment vous voudriez que les autres vous voient, et peut-être que tout cela est vrai pour vous. Mais est-il *vraiment* vrai que vous êtes ce que vous dites être ? Je ne crois pas. Tout ce que vous dites à votre sujet n'est que symbologie, et vos propos sont totalement déformés par vos croyances.

Quand vous vous voyez enfin en étant libre de toutes les connaissances que vous avez accumulées, le résultat donne : *je suis*. Je suis ce que je suis ; vous êtes ce que vous êtes, et c'est l'acceptation totale de qui vous êtes qui fait toute la différence. Une fois que vous acceptez complètement ce que vous êtes, vous êtes prêt à jouir pleinement de votre vie. Il n'y a plus de jugement, plus de culpabilité, de honte ni de remords.

Quand vous laissez de côté tous les symboles, ce qui reste est la vérité toute nue, pure et simple. Vous n'avez pas besoin de savoir qui vous êtes, et ça, c'est une révélation immense ! Vous n'avez pas besoin de prétendre être qui vous n'êtes pas. Vous pouvez être parfaitement authentique. De ce fait, vous pouvez délivrer un message, et ce message c'est votre moi réel. **Votre message, c'est votre *présence*.** C'est la même présence que vous avez ressentie quand votre premier enfant est venu au monde et que vous l'avez finalement pris dans les bras. Vous avez ressenti la présence du divin dans vos mains, sans comprendre quoi que ce soit, sans mots.

Chaque nouveau-né possède la même présence. C'est Dieu, l'infini, un ange incarné, et nous sommes programmés pour réagir à la présence d'un bébé. Celui-ci n'a même pas à prononcer un seul mot ; sa présence dit tout à elle seule. Elle suffit à éveiller en nous le besoin de donner, de protéger. Quand il s'agit de votre propre enfant, cet instinct est encore plus fort, car sa présence a quelque chose de vraiment incroyable. Elle éveille votre générosité et vous vous mettez à donner à votre enfant sans rien attendre en retour. Cette présence persiste un certain temps, puis votre enfant grandit, et c'est comme si elle se perdait.

Quand vous êtes venu au monde, votre présence suffisait à éveiller les réactions instinctives des personnes qui vous entouraient, à leur donner envie de vous prêter attention, de vous protéger, de satisfaire vos besoins. Vous possédez toujours cette présence, sauf que cela fait longtemps que vous la réprimez. Elle attend de pouvoir se manifester. Pour vraiment ressentir votre présence, il vous faut être totalement conscient ; vous devez pouvoir contempler toute votre création d'un autre point de vue, d'un lieu où tout est simple. Tant que vous n'êtes pas conscient, tout semble illogique et la peur prend le dessus et crée un immense *mitote*.

Dans le processus de recouvrement de votre conscience, le cinquième accord joue un rôle important puisqu'il utilise le pouvoir du doute pour briser tous les sorts dont vous êtes victime. C'est une intention puissante de votre part que d'utiliser votre magie pour recouvrer la présence que vous avez perdue voici très longtemps. Quand toute votre attention cesse d'être fixée sur votre histoire, vous parvenez à *voir* ce qui est réel ; vous devenez capable de *ressentir* ce qui est réel. Sitôt que vous n'êtes plus possédé par une symbologie, vous recouvrez la présence que vous aviez quand vous êtes né, et les émotions de votre entourage s'ajustent immédiatement à votre présence. Alors vous donnez aux autres la seule chose que vous possédiez réellement, c'est-à-dire vous-même, votre présence, et ça fait toute la différence. Mais cela n'arrive qu'une fois que vous êtes totalement authentique.

Imaginez un instant que vous redeveniez comme vous étiez quand vous étiez tout petit, avant d'avoir compris la signification du moindre symbole, avant que la connaissance ait pris possession de votre esprit. Quand vous recouvrez votre présence, vous êtes pareil à une fleur, pareil au vent, à l'océan, au soleil, à la lumière. Vous êtes exactement pareil à *vous*. Il n'y a plus rien à justifier ; plus rien à croire. Vous êtes simplement là pour exister, sans raison particulière. Vous n'avez aucune mission à remplir, sinon d'apprécier votre vie et d'être heureux. **Vous n'avez qu'à être votre moi *réel*. Soyez authentique. Soyez la présence. Soyez le bonheur. Soyez l'amour. Soyez la joie. Soyez vous-même ; c'est là l'essentiel. C'est là la sagesse.**

Ceux qui n'ont pas encore la sagesse sont en quête de perfection ; ils cherchent Dieu ; ils cherchent le paradis et s'efforcent de le trouver. En l'occurrence, il n'y a rien à chercher. Tout est déjà là. Tout est en vous. Vous n'avez pas à chercher le paradis ; vous êtes le paradis, ici et maintenant. Vous n'avez pas à chercher le bonheur ; vous êtes le bonheur, où que vous vous trouviez. Vous n'avez pas à chercher la vérité ; vous êtes la vérité. Vous n'avez pas à chercher la perfection. C'est une illusion. Vous n'avez pas non plus à vous chercher vous-même ; vous ne vous êtes jamais quitté. Vous n'avez pas davantage à chercher Dieu ; Dieu ne vous a jamais quitté. Dieu est toujours avec vous ; et vous êtes toujours avec vous-même. Si vous ne voyez pas Dieu partout, c'est parce que votre attention est fixée sur tous les dieux auxquels vous croyez *réellement*.

L'infini est présent partout, mais si vous êtes dans l'obscurité, vous ne voyez pas ce qui s'y trouve. Vous ne le voyez pas puisque vous ne voyez que votre propre connaissance. Vous guidez votre création grâce à ce rêve, et quand vos connaissances ne parviennent pas à expliquer ce qui se passe dans votre vie, vous vous sentez menacé. Ce que vous savez, c'est ce que vous voulez savoir, et tout ce qui menace vos connaissances porte atteinte à votre sentiment de sécurité. Mais un jour viendra où vous réaliserez que la connaissance n'est rien d'autre que la description d'un rêve.

Vous êtes l'inconnaissable. Vous n'êtes là que pour vivre cet instant, dans ce rêve. Être n'a rien à voir avec la connaissance. Il ne s'agit pas de comprendre. Vous n'avez pas besoin de comprendre. Il ne s'agit pas non plus d'apprendre. Vous êtes là pour désapprendre, c'est tout, jusqu'à ce que vous réalisiez que vous ne savez rien. Vous ne savez que ce que vous croyez, que ce que vous avez appris, tout ça pour découvrir un jour que ce n'était pas la vérité. Socrate, l'un des plus grands philosophes de tous les temps, a mis toute une vie à parvenir au point où il disait : « En ce qui me concerne, tout ce que je sais, c'est que je ne sais rien. »

CHAPITRE 12

DEVENIR VOYANT

Un nouveau point de vue

Voici deux mille ans, un grand maître a dit : « Et vous connaîtrez la vérité, et la vérité vous affranchira ». Eh bien, désormais, vous savez que la vérité, c'est précisément ce que vous êtes. L'étape suivante consiste à *voir* la vérité, à voir qui vous êtes. Alors seulement, vous serez libre. Libre de quoi ? Libre de toutes les déformations de vos connaissances, libre de tous les drames émotionnels que provoquent vos croyances en des mensonges. Quand la vérité vous affranchit, les symboles que vous avez appris cessent de gouverner votre monde. Dès lors, la question n'est plus de savoir si l'on a raison ou tort, si l'on est bon ou méchant. Il ne s'agit plus non plus de savoir si l'on est un gagnant ou un perdant, si l'on est jeune ou vieux, beau ou laid.

Tout cela est terminé. Toutes ces choses n'étaient que des symboles.

Vous saurez que vous êtes totalement libre quand vous n'aurez plus besoin d'essayer d'être ce que vous prétendez être. Cette liberté-là est profonde. C'est la liberté d'être vraiment soi-même, et c'est le plus grand cadeau que vous puissiez vous faire.

Imaginez ce que c'est que de vivre sans peur, sans jugement, sans reproche, sans culpabilité, sans honte. Imaginez-vous en train de vivre sans essayer de vous conformer au point de vue d'autrui, ni même au vôtre, d'après votre propre livre de la Loi. Imaginez combien serait différente votre vie si vous viviez dans la gratitude, dans l'amour, la loyauté et la justice, en manifestant tout d'abord ces qualités envers vous-même. Imaginez ce que serait l'union entre vous et votre corps, si vous étiez totalement loyal envers lui, si vous lui étiez totalement reconnaissant, si vous le traitiez d'une manière juste. Imaginez que vous soyez vous-même et que vous n'essayiez plus de convaincre quiconque de quoi que ce soit. Imaginez que le seul fait d'être vous-même vous rende heureux et que, où que vous alliez, le paradis vous accompagne, puisque vous *êtes* le paradis. Imaginez-vous en train de vivre une liberté de cette sorte. Oui, la vérité vous rendra libre, mais vous devez commencer par la *voir*.

J'aimerais que vous puissiez voir si votre histoire est la vérité ou non. Observez simplement ce qui *est*, sans aucun jugement, car tout ce que vous créez est parfait. Regardez votre environnement, la structure de votre rêve, tout autour de vous. Regardez vos croyances et la façon dont elles se reflètent dans votre histoire. Voyez dans quelle direction votre attention entraîne tout votre rêve. Je ne suis pas en train de vous dire d'y *penser*. Je vous invite à le *voir*, et voir n'est pas penser. Est-ce la vérité ?

Bon, si votre histoire n'est pas la vérité, vous savez désormais que vous n'êtes pas obligé de la croire. Au lieu de croire, apprenez à *voir*. Les choses que vous croyez, vous les déformez immédiatement en fonction de vos connaissances. Mais quand vous lâchez prise sur la connaissance pour aller au-delà des symboles, à un certain point, vous devenez un *voyant*. Un voyant est un rêveur qui a maîtrisé le rêve, qui a appris à *voir*. Artiste, rêveur, messager, voyant : on peut vous appeler de nombreuses façons différentes. Je préfère vous qualifier d'artiste, parce que **toute votre création est un chef-d'œuvre.**

La chance vous est donnée de voir votre création, de voir ce qui *est*, de voir la vérité. Mais tout d'abord, vous devez vous libérer de tout ce qui n'est pas la vérité, de tout ce qui n'est que mensonges et superstitions. Si vous êtes prêt à inviter la vérité en vous, vous verrez que votre histoire, quoi que vous en disiez, est complètement fausse. Vous savez que votre histoire n'est pas la vérité. Il vous faut simplement le courage de lâcher prise sur ce que vous n'êtes pas, de lâcher prise sur le passé, de vous détacher de votre histoire, car elle n'est pas *vous*. Sitôt que vous cessez de croire à tous les mensonges que vous vous êtes racontés jusqu'ici, vous réalisez que peu importe combien elle vous fait souffrir, la vérité est des millions de fois préférable aux mensonges.

Dans chaque roman, dans chaque film, comme dans chaque drame de la vie réelle, le point culminant de l'histoire est le moment de vérité. Avant cela, la dimension dramatique du récit ne cesse de s'intensifier. La tension monte jusqu'à ce que la vérité arrive comme un raz-de-marée et qu'elle dissipe tous les mensonges. En période de crise, les mensonges ne peuvent survivre à la présence de la vérité et ils disparaissent. Dès lors, il n'y a plus de tension. La paix revient avec la vérité, et l'on se sent soulagé que le drame soit terminé.

Bien sûr, au moment où la vérité débarque dans votre histoire, tout ce que vous croyez se sent menacé. La peur prend le dessus et dit : « Au secours ! Toute la structure de ma vie, tout ce à quoi j'ai jamais cru, s'effondre. Que vais-je devenir sans tous mes mensonges ? Si je ne crois plus à rien, si je ne médis plus, je n'aurai plus rien à dire ! » *Exactement !* C'est ce que je m'efforce de vous faire comprendre.

Les gens me demandent parfois : « Si je ne crois plus à tous les symboles, si je retire ma foi de chaque mot, comment puis-je encore communiquer avec quiconque ? Comment puis-je survivre dans la vie, sans avoir pour fondation ce que je connais ? » Comme vous le voyez, le pouvoir du doute est à l'œuvre dans leur tête, et il est même encore plus puissant qu'auparavant.

Eh bien, si vous vous rappelez comment vous étiez avant d'avoir appris à parler, quand vous étiez pareil à tous les animaux, vous verrez que, à cette époque, vous parveniez à communiquer sans l'aide de mots. Sans faire appel à votre intellect, sans utiliser de mots, j'aimerais que vous recouvriez ce que vous étiez voici bien longtemps, que vous retrouviez l'authenticité qui était la vôtre avant d'avoir appris à parler, afin de connaître la vérité. J'aimerais que vous accédiez directement à votre cœur et que vous y cherchiez la vérité, sans mots, afin de trouver votre moi authentique et de le laisser se manifester avec tout votre pouvoir.

Le point culminant de votre voyage de retour vers vous-même est le moment où vous vous voyez enfin avec les yeux de la vérité. Quand vous parviendrez à voir votre moi authentique, vous aimerez ce que vous verrez. Vous verrez la magnificence de votre présence ; vous verrez à quel point vous êtes beau et merveilleux. Vous distinguerez la perfection qui est en vous, et cela désintégrera tous les doutes qu'autrui a pu vous mettre dans la tête. Vous verrez que vous êtes la lumière, que vous êtes la *vie*, et sitôt que vous accepterez votre propre divinité, vous deviendrez un meilleur reflet de la vie.

Vous êtes ici pour jouir pleinement de la vie. Vous n'êtes pas là pour souffrir en raison de vos difficultés et de l'importance que vous vous accordez. Ce n'est pas *vous* ; cela n'appartient pas à votre présence. Vous êtes ici pour être un artiste, un rêveur, un voyant. Mais vous ne pouvez pas être un voyant quand vos yeux ne distinguent que votre histoire à vous, vos plaies à vous, votre propre victimisation. Quand vous restez encore fixé sur ce que votre mère vous a fait voici vingt ou trente ans, sur ce que votre père vous a fait, sur ce que votre partenaire ou n'importe quel autre personnage secondaire de votre histoire vous ont fait, vous ne voyez pas la vérité. Si vous restez concentré sur tous ces problèmes, s'adresser à vous revient à parler à un mur. Ça vous rappelle quelque chose ?

Avant de devenir un voyant, vous êtes très éloigné de la simplicité de la vie : extrêmement éloigné. Vous croyez tout savoir. Vous avez des opinions très élaborées que vous tentez d'imposer à tout le monde. Une fois que vous êtes devenu voyant, tout change. En tant que voyant, vous voyez ce que les gens prétendent être, ce qu'ils expriment, qui ils croient être. Vous savez que ce n'est pas la vérité ; vous savez que tout le monde fait semblant. Semblant de quoi ? Vous ne savez pas exactement ; vous ne lisez pas dans les pensées de tous les personnages secondaires que vous créez. C'est à peine si vous savez ce que *vous* faites semblant d'être *vous-même*. Mais ce que vous parvenez à discerner derrière tous ces faux-semblants, c'est la personne réelle. Dès lors, comment ne pas aimer cette personne véritable ? Tout comme vous, elle vient de l'infini. La vraie personne n'a rien à voir avec les symboles associés à la voix de la connaissance ; elle n'a rien à voir avec la moindre histoire.

Quand vous devenez un voyant, vous voyez ce qu'il y a *derrière* l'histoire. Vous comprenez les autres, mais eux ne se comprennent pas eux-mêmes. Il n'y a aucune chance qu'ils vous comprennent, mais ils n'ont pas à le faire. La majorité des êtres humains n'ont pas la conscience que vous possédez. Ils ne savent pas pourquoi ils sont comme ils sont. Ils n'en ont aucune idée ; ils ne font que survivre. Rien ne les oblige à croire tout le monde, mais ils le font pourtant. Ils ne se font pas du tout confiance ; ils ne se doutent pas de la grandeur qui est la leur. Ils ne voient que leur connaissance qui les entoure comme un mur de brouillard. Imaginez que vous soyez la seule personne sobre au milieu de milliers de gens ivres. Allez-vous entamer une discussion avec ces gens-là ? Avez-vous vraiment l'intention de les croire ? Vous savez que ce qu'ils disent n'est pas la vérité. Et vous le savez parce qu'autrefois vous étiez ivre vous-même et que ce que vous disiez alors n'était pas vrai non plus.

Grâce à la conscience, vous comprenez aisément comment ces esprits étaient prêts à devenir ce qu'ils sont. Mais le fait que vous possédiez cette conscience ne vous rend pas meilleur que les autres. Vous n'en êtes pas supérieur pour autant, ni plus intelligent. Cela n'a rien à voir avec l'intelligence. Sachant cela, vous restez totalement humble. Vous vous en fichez. Mais il y a deux façons de dire « Je m'en fiche ». Il y a celui de la victime, dans le rêve de l'attention première, et ce « Je m'en fiche »-là n'est qu'un mensonge, car les victimes ne s'en fichent pas du tout, bien au contraire, de sorte que les choses les touchent et les blessent vraiment. Elles ont de multiples blessures émotionnelles remplies de poison, ainsi qu'un mécanisme de défense qui dit : « Bof, je m'en fiche. » Bien sûr qu'elles se soucient de tout, alors vous ne croyez pas leur « Je m'en fiche ».

Quand on est voyant, les humains deviennent extrêmement prévisibles. On voit que tous les êtres humains dans le rêve des victimes sont possédés par le personnage principal de leur histoire. C'est leur point de vue ; leur *seul* point de vue. Leur manière de considérer la vie est extrêmement étriquée, car leurs croyances font office de miroir et ne leur montrent que ce qu'ils croient, or il est évident que ce n'est pas du tout la vérité. Ils projettent ce qu'ils croient sur vous, et vous percevez ces projections, mais vous n'en faites pas une affaire personnelle, puisque vous ne faites pas la supposition que ce qu'ils projettent est vrai. Vous savez que leurs projections correspondent à ce qu'ils croient à *leur propos*, et si vous le savez, c'est tout simplement parce que vous agissiez comme eux autrefois.

Quand vous devenez un voyant, vous voyez tout ce que les autres artistes s'infligent à eux-mêmes, mais votre point de vue est totalement impersonnel. Le processus de désapprentissage vous donne accès à un espace où il n'y a plus ni juge ni victime dans votre histoire. Ce n'est qu'une histoire, et vous savez que c'est votre propre création, mais c'est un peu comme si elle arrivait à quelqu'un d'autre. Vous distinguez toutes les histoires, tous les symboles, la façon dont les gens jouent avec, mais rien de tout cela ne vous affecte. Cela ne vous offense pas, car vous êtes totalement immunisé contre. Vous voyez des visages, vous les aimez, mais vous avez également conscience qu'il y a là quelque chose qui n'appartient pas à votre rêve. C'est le rêve personnel que d'autres artistes sont en train de rêver, et vous respectez totalement leurs rêves, leur création.

Le *respect* est un mot magnifique, et c'est l'un des symboles les plus importants qu'on puisse comprendre. Imaginez que vous ne l'ayez jamais entendu auparavant et inventons-le, convenons ensemble de sa signification car, comme n'importe quel autre symbole, nous devons nous mettre d'accord à son sujet, sans quoi nous ne pourrons nous en servir. Le respect, comme bien d'autres symboles, commence par nous-mêmes, puis il s'étend à tout être et toute chose autour de nous. Si nous ne nous respectons pas nous-mêmes, comment pourrions-nous respecter qui ou quoi que ce soit d'autre ?

Si vous vous respectez, cela veut dire que vous vous acceptez tel que vous êtes. Si vous respectez les autres, cela signifie que vous les acceptez tels qu'ils sont. Si vous respectez toute chose dans la nature – les animaux, les océans, l'atmosphère, la Terre – cela veut dire que vous acceptez toute la création telle qu'elle est. Quand on arrive dans ce monde, tout est déjà créé. Le choix ne nous incombait pas de déterminer ce qui devait ou non être créé. C'était déjà fait, et nous le respectons. Pouvons-nous mieux faire ? Peut-être, mais j'en doute. Le respect, c'est donc l'acceptation complète de tout ce qui existe, tel quel, et non comme nous voudrions que ce soit. Voilà plus ou moins l'une des significations du mot *respect*.

Sitôt que vous vous acceptez tel que vous êtes, vous n'avez plus de jugements sur vous-même. Sitôt que vous acceptez aussi les autres tels qu'ils sont, vous cessez de les juger. Alors, quelque chose d'incroyable se produit dans votre monde : vous trouvez la paix. Vous n'êtes plus en conflit avec vous-même, ni avec personne d'autre. Tous les conflits qui existent dans l'humanité proviennent du manque de respect. Chaque guerre est provoquée par le fait qu'on n'a pas respecté le mode de vie d'autres artistes. Au lieu de respecter leurs droits, on se met à leur imposer ses propres croyances. Alors, en lieu et place de la paix, on a la guerre.

Le respect est comme une frontière. Le respect et ce que nous nommons nos *droits* vont de pair. Nous avons nos droits, de même que tout ce qui existe dans l'univers a ses droits propres. Nous vivons dans un monde que nous partageons avec des milliards d'autres êtres, et c'est le respect qui permet à tous les rêveurs de pouvoir vivre dans l'harmonie, de vivre en paix.

Dans le rêve de l'attention seconde, on commence à se créer un paradis personnel et quand on atteint enfin le rêve de l'attention tierce, la vie *est* paradisiaque. Le paradis, c'est un royaume dont on est le roi ou la reine. Je possède mon royaume personnel et il est paradisiaque, mais cela n'a pas toujours été le cas. C'est devenu mon paradis personnel quand j'ai cessé de me juger ou de juger autrui, quand j'ai décidé de respecter totalement mon propre royaume et celui de chacun. Le cinquième accord concerne aussi le respect, car je respecte les autres artistes quand j'*écoute* leur histoire. Au lieu d'aider d'autres artistes à rédiger leur histoire, je les laisse écrire celle qu'ils veulent.

Ce ne sera jamais moi qui écrirai votre histoire, de même que je n'autoriserai jamais personne à écrire la mienne. Je respecte votre esprit, votre rêve, votre création. Je respecte ce que vous croyez. Je vous respecte quand je n'essaie pas de vous dire comment vivre votre vie, comment vous vêtir, marcher, parler ou faire quoi que ce soit dans votre propre royaume. Par contre, sitôt que j'essaie de contrôler votre royaume, je cesse de vous respecter et nous risquons d'entamer une guerre pour obtenir ce contrôle. Dès que je tente de vous contrôler, cette seule intention suffit à me faire perdre ma liberté. Ma liberté consiste donc à vous laisser être ce que vous êtes, quoi que vous puissiez vouloir être. Ce n'est pas à moi de changer votre réalité virtuelle. En revanche, c'est à moi de me changer moi-même.

Vous êtes le roi ou la reine de votre royaume. C'est votre création à vous ; c'est là que vous vivez et tout vous appartient. Vous rêvez votre royaume et vous pouvez y être extrêmement heureux. Comment ? Tout d'abord en commençant par respecter votre royaume, sans quoi il deviendra rapidement un enfer et non plus un paradis. Ensuite, vous ne devez laisser personne manquer de respect à votre royaume. Quiconque le fait en sort immédiatement. C'est votre royaume, votre vie. Vous avez le droit de vivre votre vie à vous, de votre façon à vous, et il n'y a pas de mauvaise façon de le faire. Quand on qualifie une façon de « mauvaise », on ne fait qu'émettre un jugement de plus.

Une fois que vous aurez gagné votre guerre personnelle, vous n'aurez plus de jugements sur qui ou quoi que ce soit, et le jugement d'autrui ne vous affectera plus. Bien sûr, vous commettez des erreurs comme tout le monde, mais il règne une justice parfaite dans votre tête. Vous ne payez qu'une seule fois chacune de vos erreurs, et comme vous êtes bon envers vous-même, comme vous vous aimez, votre paiement reste modeste.

Il se peut que ces propos que j'échange avec vous aient un sens pour la voix qui vit dans votre tête. Et peut-être que cette voix pourra se mettre à rêver en fonction de ces nouvelles informations et qu'elle décidera de ne plus être un tyran, d'arrêter de vous juger et de vous punir. Le jour de votre jugement dernier pourrait être tout proche. Cela dépend de vous. Si vous parvenez à convaincre votre tyran d'arrêter de juger, vous verrez rapidement tout changer dans votre vie.

Imaginez qu'au lieu d'être votre adversaire, le tyran devienne votre allié, qu'au lieu de faire de votre vie un véritable drame, il vous aide plutôt à préserver la paix. Quand le tyran devient votre allié, il ne s'oppose plus jamais à vous ; il ne vous sabote plus jamais. Il facilite tout ce que vous voulez créer. Le mental devient alors un outil puissant au service de l'esprit ; un allié d'une grande puissance. Avec pour résultat un rêve totalement différent : votre paradis personnel.

Dans le rêve du paradis, vous vous abandonnez complètement à la vie, sachant que chaque chose est exactement telle qu'elle est. Et comme vous acceptez toute chose comme elle est, vous ne vous souciez plus de rien. Votre vie devient très excitante, car il n'y a plus de peur. Vous savez que vous faites exactement ce que vous êtes censé faire et que ce qui est arrivé devait effectivement arriver. Même ce que vous jugez être vos pires erreurs devait se produire, puisqu'elles vous ont conduit à développer une plus grande conscience. Même la pire chose qui puisse vous arriver est censée arriver, puisqu'elle va vous faire grandir.

Quelle est la pire chose qui puisse arriver à l'un d'entre nous ? Mourir ? Nous allons tous mourir, et nous n'y pouvons rien. Nous pouvons pleinement profiter de l'aventure ou choisir d'y résister et de souffrir. La résistance, toutefois, est futile. Nous sommes programmés pour être ce que nous sommes, et nous ne pouvons donc être que cela. Mais à l'intérieur de notre réalité virtuelle, nous pouvons aller à l'encontre de notre programmation, et c'est comme ça que nous bâtissons toute une montagne de résistance. Nos luttes ne sont que de la résistance, et la résistance provoque de la souffrance.

Sitôt que vous vous abandonnez à la vie, que vous vous soumettez à elle, tout change comme par magie. Vous vous en remettez à cette force qui se manifeste à travers votre corps et votre mental, et vous découvrez une toute nouvelle manière d'envisager la vie. C'est une manière d'être. D'être *la vie*. Vous êtes heureux parce que vous êtes la *vérité*. Vous êtes heureux où que vous soyez, quoi que vous fassiez. Même quand vous vous ennuyez, vous aimez la vie. Vous êtes libre, et il s'agit là de la liberté d'un maître du rêve qui n'est pas attaché au rêve. Vous vous accrochez à votre rêve grâce à votre attention, et vous vous en décrochez chaque fois que vous le voulez. Le rêve extérieur souhaite lui aussi capter votre attention et vous le laissez établir une connexion, mais vous pouvez vous déconnecter quand vous voulez. D'un instant à l'autre, vous pouvez modifier votre rêve et tout recommencer.

À chaque instant, vous choisissez ce que vous voulez garder et ce sur quoi vous lâchez prise. Mais pas à l'aide de mots. Vous n'avez pas besoin d'en faire une histoire, encore que vous le pouvez, si vous le souhaitez. Dans cette histoire, vous pouvez reprocher au monde entier ce qui vous arrive, ou en assumer vous-même la responsabilité. Vous pouvez en être l'artiste, vous pouvez voir votre histoire et la transformer de quelque manière que vous le désiriez. Vous pouvez être riche ou pauvre. Peu importe. Vous pouvez être célèbre ou non, cela n'a pas d'importance. Être une célébrité dans un monde d'obscurité, je ne trouve pas cela très motivant. Être un chef en enfer, cela ne me paraît pas très stimulant non plus, mais c'est un choix, et vous êtes libre de le faire. Si vous assumez la responsabilité de votre création, vous pouvez créer tout ce que vous voulez dans votre vie. Vous pouvez récrire votre histoire ; vous pouvez recréer votre rêve à neuf. Et si vous décidez d'insuffler de l'amour dans votre création, vous pouvez modifier toutes les histoires qui étaient dramatiques jusque-là et en faire de merveilleuses comédies romantiques.

Il se peut que vous n'ayez pas terminé votre histoire, et qui sait si vous l'achèverez un jour. Honnêtement, cela n'a pas d'importance. Quoi que vous fassiez de votre vie, ce n'est pas si important que cela. Ce que font les autres de leur vie à eux n'importe pas davantage, et ce n'est pas votre affaire. En réalité, il n'y a pas grand-chose qui soit très important, sinon la *vie* elle-même ; c'est *l'intention* en soi, le Créateur. La création n'a pas tant d'importance ; la manifestation va continuer de changer, jour après jour, d'instant en instant, et d'une génération à l'autre. La vie est éternelle, mais votre rêve n'existera qu'aussi longtemps que vous serez dans un corps physique. Quoi que vous ayez fait ici, vous ne l'emporterez pas avec vous. Vous n'en aurez pas besoin. Vous n'avez jamais eu ce besoin et vous ne l'aurez jamais.

Ce qui ne veut pas dire que vous n'allez pas créer. Bien sûr que vous créerez, puisque telle est votre nature. Vous créez d'ailleurs sans cesse ; vous êtes constamment en train de vous exprimer. Vous êtes artiste de naissance et votre art est l'expression de votre esprit ; l'expression de cette force que vous êtes. Vous savez à quel point vous êtes puissant, et ce pouvoir est réel. Vous savez tout ce que vous avez appris, et vous savez également que cette connaissance n'est pas réelle.

La vérité se déroule sous vos yeux. Vivre sa vie, c'est vivre la vérité. *Voir* la vérité modifie considérablement votre monde ; mais *devenir* la vérité est l'objectif véritable, puisque c'est là votre moi réel. Tout ce qui n'est pas la vérité est sans importance. Votre désir de vérité et votre amour de la vérité, voilà ce qui est important, voilà l'enseignement véritable.

CHAPITRE 13

LES TROIS LANGAGES

Quel genre de messager êtes-vous ?

Le cinquième accord toltèque est le plus poussé des enseignements de la voix toltèque, puisqu'il nous prépare à revenir à ce que nous sommes véritablement : des messagers de la vérité. Chaque fois que nous parlons, nous délivrons un message, et si nous n'exprimons pas la vérité, c'est parce que nous n'avons pas conscience de qui nous sommes réellement. Les quatre accords toltèques nous aident à recouvrer conscience de qui nous sommes. Ils nous aident à devenir conscients de la puissance de notre parole. Mais le but est le cinquième accord, puisqu'il nous entraîne au-delà de la symbologie et nous rend responsables de chaque mot que nous créons. Cet accord nous aide à récupérer le pouvoir de la croyance que nous avons investi dans les symboles. Et quand nous allons au-delà des symboles, le pouvoir que nous découvrons est incroyable, puisque c'est celui du créateur artistique, c'est le pouvoir de la vie, notre moi *réel*.

Le cinquième accord toltèque sert à ce que je nomme la *formation du messager*, ou encore la *formation angélique*, puisqu'il s'adresse à des messagers qui ont conscience d'avoir un message à délivrer. *Ange* est un mot grec qui signifie « messager ». Les anges existent vraiment, mais pas ceux que la religion représente avec des ailes. Nous sommes tous des messagers, nous sommes tous des anges, mais nous n'avons pas d'ailes, et nous ne croyons pas à des êtres angéliques qui en seraient dotés. La version ailée des anges que représente la religion n'est qu'un symbole et, en tant que symbole, elle signifie que les anges peuvent voler.

Les anges volent, donc, et transmettent des informations ; ils délivrent des messages, et le message réel est la vie ou la vérité. Mais tant de messagers dans ce monde ne délivrent ni la vie ni la vérité. Le monde est peuplé de milliards de messagers, conscients ou non. De toute évidence, la majorité d'entre eux sont dépourvus de conscience. Ils sont programmés pour délivrer et recevoir un message, mais ils ne savent pas qu'ils sont eux-mêmes les messagers. La majorité des humains sur Terre n'a aucune conscience que les symboles sont sa propre création. Ils ne savent pas davantage d'où vient le pouvoir des symboles, et c'est pourquoi ces derniers les contrôlent complètement.

Quel genre de messagers sont-ils ? La réponse est évidente. Vous en voyez les conséquences dans le monde. Regardez simplement autour de vous et vous découvrirez de quel genre de messager il s'agit. Quand vous l'aurez trouvé, le cinquième accord toltèque vous paraîtra encore plus pertinent. *Soyez sceptique, mais apprenez à écouter.* Qu'est-ce qui changera pour ces messagers-là ? La réponse, c'est la conscience. Voilà ce que la formation du messager fait pour nous. Elle nous aide à prendre conscience du genre de message que nous délivrons dans le monde.

Du point de vue toltèque, il n'y a que trois façons de délivrer un message. On pourrait également dire qu'il n'existe que trois langages dans le monde des humains : celui des rumeurs, des potins et des commérages ; celui du guerrier et enfin, celui de la vérité.

Le langage des potins et des rumeurs, c'est celui que parlent tous les humains. Tout le monde sait cancaner et médire. Quand nous parlons ce langage, notre message est déformé ; nous colportons des rumeurs à propos de tout ce qui nous entoure, mais surtout à notre sujet. Si l'on va dans un autre pays où les gens parlent une langue différente, on se rend compte que peu importe la symbologie qu'ils utilisent, ils parlent comme nous, en utilisant eux aussi le langage des potins et des rumeurs, dans ce que je nomme le grand *mitote*. Dans le rêve ordinaire, dépourvu de conscience, le grand *mitote* prend le contrôle de l'esprit humain et engendre toutes sortes d'incompréhensions, toutes les déformations qui affectent la façon dont nous interprétons la signification des mots.

Le langage des rumeurs et des potins est celui de la victime ; c'est le langage de la justice et des punitions. C'est aussi la langue de l'enfer, puisque tous ces commérages ne sont constitués que de mensonges. Mais les humains médiront toujours, puisque nous sommes programmés pour colporter potins et rumeurs jusqu'à ce que change en nous quelque chose qui figure également dans le programme. À ce moment-là, nous nous rebellons contre la médisance, les rumeurs et les potins, et un conflit éclate dans notre tête, une guerre entre la vérité et les mensonges.

Le deuxième langage est celui du guerrier. Quand on le parle, on dit parfois la vérité, parfois des mensonges, selon notre degré de conscience. Parfois, on croit des mensonges, ce qui nous conduit directement en enfer, et d'autres fois on croit la vérité, ce qui nous propulse au paradis. Mais on continue de *croire*, ce qui signifie que les symboles possèdent toujours le pouvoir de nos croyances. En tant que guerrier, on saute d'un rêve à l'autre ; parfois on est au paradis, parfois en enfer. Comme vous pouvez l'imaginer, le langage du guerrier vaut mille fois mieux que celui des potins et des rumeurs, mais, après tout, les humains sont programmés pour changer de langage et pour en parler plus d'un.

Le troisième langage est celui de la vérité, et quand on le parle, c'est à peine si l'on ouvre la bouche. À ce stade, on sait sans l'ombre d'un doute que les symboles qu'on utilise ont été créés par soi-même. On sait que c'est nous qui leur donnons un sens pour communiquer avec nos semblables, et on les utilise désormais d'une manière impeccable, de notre mieux, pour délivrer notre message, c'est-à-dire pour nous délivrer nous-mêmes, puisque *nous* sommes le message. Il n'y a finalement plus de mensonges, car nous avons maîtrisé la conscience et nous nous voyons comme étant la vie, la vérité.

Le langage de la vérité est très exclusif, puisque c'est celui du maître rêveur, de l'artiste qui a maîtrisé le rêve. Dans le monde du maître, il y a toujours de la musique, toujours de l'art, de la beauté. Les maîtres d'art sont toujours heureux. Ils sont en paix et profitent pleinement de la vie.

Je nomme ces trois manières de communiquer les langages du 1-2-3, de l'A-B-C et du DO-RÉ-MI. Le langage des potins et des rumeurs est celui du 1-2-3, car il est facile à apprendre, et c'est le langage que tout le monde parle. Celui du guerrier est le langage de l'A-B-C, car le guerrier est celui qui se rebelle contre la tyrannie des symboles. Le langage de la vérité est celui du DO-RÉ-MI, puisqu'il est destiné aux artistes qui ont de la musique dans la tête, à la place du grand *mitote*.

Le langage du DO-RÉ-MI est celui que je préfère parler. Ma tête est toujours pleine de musique, car la musique distrait le mental, et quand celui-ci ne fait pas obstacle, il est *intention* pure. Je sais que toute cette musique dans ma tête n'est rien d'autre qu'un rêve, mais au moins je ne suis pas en train de penser et d'élaborer une histoire.

Je peux bien sûr créer une histoire si j'en ai envie, qui peut être magnifique. Je peux également fixer mon attention sur les symboles et utiliser ceux que vous comprenez pour communiquer avec vous. Je peux également m'en servir pour écouter ce que vous dites. En général, cela concerne votre propre histoire. Vous me faites part de nombreuses choses que vous croyez vraies, mais je sais qu'elles ne le sont pas. Mais quand vous me les dites, j'écoute, et alors je sais exactement où vous en êtes. Je vois ce que peut-être vous ne voyez pas. Autrement dit, je vois votre moi *réel*, et non qui vous prétendez être. Ce que vous affectez d'être est si compliqué que je ne fais même pas l'effort d'essayer de le comprendre. Je sais que ce n'est pas vraiment *vous*. Votre moi réel est votre présence, et il est aussi beau et merveilleux que n'importe quoi d'autre sur Terre.

Quand vous voyez une rose, toute belle et ouverte, sa seule présence éveille en vous des sentiments merveilleux. Vous n'avez même pas besoin de vous dire à quel point elle est magnifique ; vous en discernez toute la beauté et la délicatesse. Vous la sentez, et jamais cette rose ne vous dit le moindre mot. Vous comprenez son message, sans paroles. Si vous vous rendez en forêt, vous voyez des oiseaux parler à d'autres oiseaux, et des arbres s'adresser à d'autres arbres, en recourant à une autre forme de symbologie. Vous distinguez la communication intérieure qui s'opère entre tout ce qui vous entoure, et c'est stupéfiant. Il y a des messagers partout, en ce monde, mais y aviez-vous seulement songé auparavant ?

Avez-vous déjà remarqué que, depuis votre arrivée dans ce monde, vous n'avez cessé de délivrer un message ? Avant même votre naissance, quand votre mère a pris conscience qu'elle était enceinte, votre message était déjà là. Vos parents avaient hâte que vous veniez au monde. Ils savaient qu'un miracle était en cours et à peine étiez-vous né que vous avez délivré votre message immédiatement, sans le moindre mot. Ils ont senti votre présence. C'était la naissance d'un ange, et le message, c'était *vous*.

C'est vous qui étiez le message et vous l'êtes toujours, bien que vous ayez été déformé par le reflet des autres messagers. Ce n'est pas leur faute, ni la vôtre : en fait, ce n'est la faute de personne. Cette distorsion est parfaite, puisque seule la perfection existe, mais en grandissant, votre conscience se développe et vous pouvez choisir de délivrer un message différent. Vous pouvez faire le choix de devenir un meilleur reflet de la vie, en décidant de parler une autre langue. Vous pouvez modifier votre manière de délivrer votre message, la façon dont vous communiquez avec vous-même et avec les autres.

Voici maintenant une question toute simple, à votre attention. J'aimerais que vous la compreniez, sans toutefois laisser la voix dans votre tête y répondre. Laissez simplement ces mots atteindre directement votre cœur, et vous serez en mesure de percevoir la signification et l'intention qui les sous-tendent. Cette question est la suivante : *quel genre de messager êtes-vous ?* Ce n'est pas un jugement. C'est simplement un léger doute à introduire dans votre esprit, mais aussi une étape importante vers la conscience. Si vous comprenez ma question, ce léger doute peut à lui seul transformer toute votre vie.

Quel genre de messager êtes-vous ? Est-ce que vous dites la vérité ou plutôt des mensonges ? Est-ce que vous percevez la vérité ou ne percevez-vous que des mensonges ? Tout se joue entre la vérité et les mensonges. C'est le cœur du problème et c'est ce qui fait toute la différence, puisque tous les conflits – qu'il s'agisse d'une tension intérieure ou de conflits entre êtres humains – sont la conséquence des messages qu'on exprime et auxquels on croit.

Quel genre de messager êtes-vous ? Êtes-vous le vecteur de médisances et de mensonges ? Vous sentez-vous à l'aise avec tous les mensonges, tous les potins et les problèmes qu'engendre le fait de croire à des mensonges ? Est-ce cela que vous partagez avec toutes les personnes qui vous entourent ? Est-ce cela que vous enseignez à vos enfants ? Continuez-vous de rendre vos parents responsables de vos ennuis ? Rappelez-vous qu'ils ont fait de leur mieux. S'ils vous ont maltraité, cela n'avait rien de personnel. C'était dû à leurs propres peurs ; à ce qu'ils croyaient. S'ils vous ont maltraité, c'est parce qu'eux aussi ont été maltraités. S'ils vous ont blessé, c'est parce qu'eux aussi ont été blessés. C'est un cycle continu d'action et de réaction. Voulez-vous continuer de faire partie de ce cycle, ou en avez-vous fini avec cela ?

Quel genre de messager êtes-vous ? Êtes-vous un guerrier qui se débat entre le paradis et l'enfer ? Est-ce que vous croyez encore les gens qui vous disent : « Voilà la vérité » ? Croyez-vous encore à vos propres mensonges ? Quel genre de message délivrez-vous aux personnes que vous aimez le plus, si celui que vous vous adressez à vous-même vous entraîne droit en enfer ? Quel genre de message délivrez-vous à vos enfants que vous aimez tant ? Et à vos proches, vos parents, vos frères et sœurs, et tous ceux qui vous entourent ?

Quel genre de messager êtes-vous ? Si vous me dites le genre de rêve que vous vous créez pour vous-même, je vous dirai quel genre de messager vous êtes. Comment vous traitez-vous ? Êtes-vous bon envers vous-même ? Est-ce que vous vous respectez ? Et les autres, les respectez-vous aussi ? Quels sentiments cultivez-vous envers vous-même ? Est-ce que vous vous aimez ? Êtes-vous fier de vous ? Satisfait de vous ? Subsiste-t-il des drames ou des injustices dans votre rêve ? Comporte-t-il un juge et une victime ? Est-ce un rêve de prédateur, un rêve de violence ? Si c'est le cas, cela veut dire que votre rêve déforme votre message. Le juge, la victime et toutes ces voix qui résonnent dans votre tête déforment tout.

En cet instant même, vous adressez un message à la fois à vous-même et à tous ceux qui vous entourent. Vous délivrez en permanence un message, tout comme vous en recevez d'autrui. Quel est le message que vous délivrez à ce monde ? Est-il impeccable ? Êtes-vous au moins conscient d'utiliser en permanence des symboles ?

Observez simplement le message que vous délivrez. Est-ce que les mots que vous prononcez émanent de la vérité ou plutôt de la voix de la connaissance, du tyran, du grand juge ? Qui délivre ce message ? Est-ce votre moi *réel* ? C'est *votre* rêve. Si ce n'est pas votre vrai moi, alors, de qui émane ce message ? Ne trouvez-vous pas que c'est une bonne question ?

Est-ce que vous voyez l'impact des mots que vous renvoyez aux autres quand vous parlez ? Imaginez simplement que vous vous adressiez à un mur. Ne vous attendez à aucune réponse. Le but n'est pas que le mur entende ce que vous dites. C'est simplement pour vous l'occasion d'observer ce qui sort de votre bouche. Pour que vous commenciez à mesurer l'impact de vos mots sur tout ce qui vous entoure. En parlant à un mur, votre message deviendra de plus en plus clair. Dès lors, l'importance d'une parole impeccable deviendra évidente.

J'aimerais maintenant que vous utilisiez votre imagination pour voir le genre d'interactions que vous avez eues avec autrui durant toute votre vie. Je suis sûr que vous avez conservé de nombreux souvenirs de ces échanges. Les gens ne cessent de vous adresser des messages et vous les percevez en permanence. Quel genre de messagers sont les autres personnes qui figurent dans votre vie ?

Quels genres de messages vous ont-ils adressés durant toute votre vie ? De quelle manière ces messages vous ont-ils affecté ? Parmi tous ceux que vous avez reçus de ces personnes-là, à combien d'entre eux avez-vous donné votre accord, avant de les faire vôtres ? Combien de ces messages-là continuez-vous de délivrer aujourd'hui ? Si vous exprimez les messages de quelqu'un d'autre, de qui sont-ils ?

Prenez simplement conscience du genre de message que vous avez délivré et de ceux que vous avez reçus votre vie durant. Vous n'avez à juger personne, pas même vous-même. Posez-vous simplement la question : *quel genre de messager suis-je ? Quel genre de messagers sont les autres personnes présentes dans ma vie ?* C'est une étape majeure dans la maîtrise de la conscience ; c'est un grand pas pour qui veut devenir un *voyant*.

Une fois que vous êtes conscient des messages que vous délivrez et de ceux que les autres vous adressent, votre point de vue change fortement et fermement. Vous distinguez clairement les messages que les autres vous transmettent et le genre de messagers qu'ils sont. Puis, vient un moment où votre conscience est si dilatée que vous discernez les messages que vous adressez vous-même aux autres. Vous voyez parfaitement quel genre de messager vous êtes. Vous voyez l'impact de vos mots, de vos actes et de votre présence.

Vous délivrez en permanence un message à chaque être et chaque chose qui vous entoure, et plus particulièrement à vous-même. *Quel est ce message ?* C'est le message le plus important qui soit puisqu'il affecte toute votre vie. Êtes-vous un maître qui exprime la vérité ? Êtes-vous une victime qui exprime des mensonges ? En réalité, peu importe que vous soyez le maître, un messager des rumeurs, plein de poison, ou encore un guerrier qui connaît des hauts et des bas, qui passe du paradis à l'enfer et de l'enfer au paradis. Vous délivrez l'information qui se trouve en vous. Elle n'est ni juste ou fausse, ni bonne ou mauvaise ; c'est simplement ce que vous savez. C'est ce que vous avez appris durant toute votre vie, et peu importe au fond ce que vous avez appris. Ce que vous avez enseigné jusqu'ici, ce que vous partagez n'a pas franchement d'importance.

Ce qui compte vraiment, c'est d'être qui vous êtes véritablement : d'être authentique, d'apprécier la vie, d'être l'amour. Et je ne parle pas du *symbole* de l'amour que les humains ont déformé, mais bien de l'amour *véritable* : de ce sentiment impossible à mettre en mots, de cet amour qu'engendre le fait d'être qui vous êtes vraiment. Rappelez-vous toujours ceci : vous êtes la force qui crée tout ce qui existe. Vous êtes la force qui ouvre une fleur et qui met en mouvement les nuages, la Terre, les étoiles et les galaxies. Quel que soit votre message, aimez-vous quand même, *en raison même* de ce que vous êtes, par *respect* pour ce que vous êtes. Vous n'avez pas à être différent, à moins que vous ne décidiez que vous vous aimez tellement que vous n'êtes plus satisfait du genre de messager que vous êtes actuellement.

Peut-être avez-vous fait mauvais usage de la parole parce que vous étiez innocent, mais qu'il vous manquait la conscience. Mais qu'arrive-t-il quand vous devenez conscient et que vous continuez d'agir comme avant ? Une fois que vous avez la conscience, vous ne pouvez plus invoquer votre innocence. Vous savez exactement ce que vous faites et vos actes sont toujours parfaits, mais ils relèvent désormais de votre décision, de votre choix. La question devient dès lors : quel genre de message *choisissez-vous* d'exprimer ? La vérité ou des mensonges ? L'amour ou la peur ? Mon choix à moi est de ne délivrer qu'un message de vérité et d'amour. Quel est le vôtre ?

ÉPILOGUE

AIDEZ-MOI À CHANGER LE MONDE

Si vous n'êtes plus satisfait du genre de messager que vous êtes, si vous souhaitez devenir un messager de vérité et d'amour, je vous invite à participer à un nouveau rêve pour l'humanité, un rêve dans lequel nous puissions *tous* vivre en harmonie, dans la vérité et l'amour.

Dans ce rêve-là, non seulement les personnes de toutes religions et de toutes philosophies sont les bienvenues, mais elles y sont respectées. Chacun d'entre nous a le droit de croire ce qu'il veut, de suivre la religion ou la philosophie qu'il souhaite. Peu importe que nous croyions au Christ, à Moïse, à Allah, à Brahma, à Bouddha ou à quelque autre maître ou entité ; tout le monde est invité à partager ce rêve. Je ne m'attends pas à ce que vous croyiez toutes mes histoires, mais si elles trouvent résonance en vous, si vous parvenez à ressentir la vérité présente *derrière* mes paroles, alors, concluons ensemble à un accord de plus : *aidez-moi à changer le monde.*

Bien sûr, la toute première question est la suivante : comment allez-vous changer le monde ? La réponse est facile. En changeant *votre* monde. Quand je vous demande de m'aider à changer le monde, je ne parle pas de la planète Terre. Je fais allusion au monde virtuel qui existe dans votre tête. Le changement commence par vous. Vous ne m'aiderez pas à changer le monde, si vous ne commencez pas tout d'abord par transformer votre propre monde.

C'est en vous aimant que vous changerez le monde, en profitant de la vie et en faisant un rêve de paradis de votre monde personnel. Et si je vous demande votre aide, c'est parce que vous êtes le seul à pouvoir changer votre monde à vous. Si vous en prenez la décision, le moyen le plus facile d'y parvenir consiste à utiliser des outils qui relèvent simplement du bon sens. Les Cinq Accords Toltèques sont précisément des outils qui vous permettront de changer votre monde. Si *votre parole est impeccable*, si, *quoi qu'il arrive, vous n'en faites pas une affaire personnelle,* si *vous ne faites pas de suppositions*, si *vous faites toujours de votre mieux* et enfin si vous *demeurez sceptique*, *tout en écoutant*, la guerre prendra fin dans votre tête et la paix s'y établira.

Si vous vous entraînez à pratiquer les cinq accords toltèques, votre monde s'améliorera et vous souhaiterez partager votre bonheur avec tous les gens que vous aimez. Mais, changer le monde, ce n'est pas simplement modifier les personnages secondaires de votre histoire. Si vous voulez vraiment transformer le monde, *votre* monde, vous n'y parviendrez qu'en changeant le personnage principal de votre histoire. Si vous le faites, alors, comme par magie, tous les personnages secondaires évolueront eux aussi. Si vous changez, vos enfants changeront, puisque le message que vous leur adresserez sera différent. De même, le message que vous délivrerez à votre femme ou à votre mari aura lui aussi changé. Vos relations avec vos amis évolueront également. Mais, sans doute plus important encore, c'est votre relation à vous-même qui ne sera plus la même.

Dès que vous changez le message que vous vous adressez à vous-même, vous êtes plus heureux et de ce fait, les gens qui vous entourent en profitent également. Vos efforts bénéficieront donc à tout le monde, car votre joie, votre bonheur et votre paradis seront contagieux. Si vous êtes heureux, votre entourage le sera aussi et les gens commenceront aussi à avoir envie de changer leur propre monde.

Nous représentons tout un héritage, et quand je dis *nous*, je parle au nom de tous les humains. Notre héritage est l'amour, c'est la joie, c'est le bonheur. Profitons de ce monde. Profitons les uns des autres. Nous sommes destinés à nous aimer les uns les autres, et non à nous haïr. Arrêtons de croire que nos différences nous rendent supérieurs ou inférieurs les uns aux autres. Cessons de croire à ce mensonge. Ne craignons pas que nos couleurs différentes fassent de nous des gens différents. Qu'importe ! Ce n'est qu'un mensonge de plus. Nous n'avons pas à croire tous les mensonges et toutes les superstitions qui contrôlent notre existence. Il est temps de mettre un terme à toutes ces choses qui n'aident personne. Il est temps d'en finir avec le fanatisme. Nous pouvons revenir à la vérité et devenir des messagers de la vérité.

Nous avons un message à délivrer, et ce message est notre héritage. Quand nous étions enfants, nous avons reçu l'héritage de nos parents et nos ancêtres. Ils nous ont transmis un monde merveilleux et c'est maintenant à notre tour d'offrir à nos enfants et petits-enfants une planète où ils puissent vivre d'une manière aussi merveilleuse que nous aujourd'hui. Nous pouvons arrêter de détruire la planète et de nous détruire les uns les autres. Les humains peuvent vivre en harmonie. C'est incroyable de voir de quoi nous sommes capables quand nous le voulons vraiment. Il nous faut simplement pour cela être conscients de ce que nous faisons et revenir à notre authenticité.

Je sais que nous sommes différents, puisque chacun vit dans son rêve personnel, mais chacun peut aussi respecter le rêve d'autrui. Nous pouvons nous mettre d'accord pour travailler ensemble, sachant que chacun d'entre nous se trouve au centre de son propre rêve. Nous avons tous nos croyances, notre histoire et notre point de vue. Il existe donc des milliards de points de vue différents, mais c'est toujours la même lumière, la même force de vie qui sous-tend chacun d'entre nous.

Aidez-moi à changer le monde est une invitation à être authentique et libre. Ouvrez votre cœur pour recevoir ce nouvel accord. Je ne vous demande pas *d'essayer* de changer le monde. *N'essayez* pas. Faites-le, tout simplement. **Passez à l'action dès aujourd'hui.** L'héritage que nous laisserons à nos enfants et petits-enfants peut être magnifique. Nous pouvons transformer toute notre façon de penser et leur montrer que nous sommes en amour avec la vie. Nous pouvons vivre dans un paradis personnel qui nous suivra où que nous allions. Il n'est pas vrai qu'on vient sur cette planète pour souffrir. Cette magnifique planète Terre n'est pas une vallée de larmes. Notre nouvelle manière de penser peut se substituer à tous ces mensonges et nous donner accès à une merveilleuse façon de vivre notre vie.

Où que j'aille, j'entends des gens dire que nous venons sur Terre avec une mission, que nous avons quelque chose à faire dans la vie, quelque chose à transcender. De quoi s'agit-il, je n'en sais rien. Je crois effectivement que nous venons ici-bas avec une mission, mais elle ne consiste pas vraiment à transcender quoi que ce soit. **La mission que vous avez, qui est la même pour chacun d'entre nous, est d'être heureux.** La façon d'y parvenir peut passer par les millions de manières différentes dont vous pouvez faire ce que vous aimez, mais la mission de votre vie consiste à savourer le moindre moment de votre existence. Nous savons tous que tôt ou tard notre corps physique n'existera plus. Nous n'avons tous que quelques levers de soleil, quelques couchers de soleil et quelques pleines lunes à savourer. **C'est maintenant qu'il nous est donné d'être vivants, d'être pleinement présents, de nous apprécier à la fois nous-mêmes et les uns les autres.**

Au siècle dernier, la science et la technologie ont connu une croissance spectaculaire, mais la psychologie est restée loin derrière. Il est temps pour elle de rattraper la science et la technologie. Il est temps que nous changions nos croyances au sujet de l'esprit humain, et ce que j'observe aujourd'hui relève pratiquement de l'urgence, puisque avec les ordinateurs et l'Internet dont nous disposons, les mensonges peuvent se propager tout autour du monde très rapidement et échapper à tout contrôle.

Le jour viendra où les humains ne croiront plus à des mensonges. Bien que chacun doive commencer par soi-même, le but est de transformer toute l'humanité, et pas seulement notre monde à nous. Mais comment parvenir à changer toute humanité, si l'on ne commence pas tout d'abord par soi-même ? Bien sûr, il n'est pas facile de séparer les deux, puisqu'en réalité il nous faut travailler sur les deux plans à la fois.

Alors faisons en sorte de changer le monde. Remportons cette guerre qui se livre dans notre tête et transformons le monde. Combien de temps faudra-t-il avant que le monde entier ait changé ? Deux, trois ou quatre générations ? En vérité, peu importe le temps que ça prendra. Nous ne sommes pas pressés, mais nous n'avons pas non plus de temps à perdre. Aidez-moi à changer le monde.

À PROPOS DES AUTEURS

Don Miguel Ruiz

Don Miguel Ruiz est l'auteur des best-sellers internationaux *Les Quatre Accords toltèques* (qui a figuré sept ans sur la liste des best-sellers du *New York Times*), *La Maîtrise de l'amour* et *La Voix de la connaissance*. Il s'est vendu plus de 7 millions d'exemplaires de ses livres aux États-Unis. Ils ont été traduits dans des dizaines de langues, dans le monde entier. Depuis presque trente ans, don Miguel donne des conférences et anime des ateliers et des voyages sur des sites sacrés pour transmettre ce mélange tout à fait unique de sagesse ancienne et de conscience moderne qui est le sien.

Don José Ruiz

Don José Ruiz a grandi dans un monde où tout était possible. Dès qu'il a été en mesure de parler, il est devenu apprenti de son *nagual* (chaman) de père, don Miguel Ruiz, et de sa *curandera* (guérisseuse) de grand-mère, Mère Sarita. Quand il était adolescent, il s'est rendu en Inde pour étudier auprès d'amis de son père et, à l'âge de 23 ans, il est devenu l'héritier de la lignée familiale. Conformément à la tradition de ses ancêtres, don José a consacré sa vie à partager les enseignements des anciens Toltèques. Depuis sept ans, il donne des conférences et anime des cours à travers tous les États-Unis, ainsi que sur certains sites sacrés de par le monde.

Pour plus d'informations sur les programmes proposés par don Miguel Ruiz, don José Ruiz et don Miguel Ruiz Jr., rendez-vous sur le site :
www.miguelruiz.com

Janet Mills

Janet Mills est la fondatrice des éditions Amber-Allen qui publient les ouvrages de don Miguel Ruiz en anglais. Elle est l'éditrice et la coauteure de la série d'ouvrages de sagesse toltèque de don Miguel et l'éditrice du best-seller international de Deepak Chopra, *Les Sept Lois spirituelles du succès.* Sa mission dans la vie consiste à publier des ouvrages d'une beauté, d'une intégrité et d'une sagesse appelées à durer, et d'inspirer les autres à réaliser leurs rêves les plus chers.

Également aux Éditions Jouvence

Les Quatre Accords toltèques

Don Miguel Ruiz

avec la collaboration de Janet Mills

La voie de la liberté personnelle

Découvrez ou redécouvrez les Quatre Accords toltèques et prenez, comme des millions de lecteurs en France et à travers le monde, la voie de la liberté personnelle.

144 pages • 8,90 €

Acteur de votre vie

Don Miguel Ruiz

et Barbara Emrys

Comment vivre une vie authentique

Cet ouvrage explore le théâtre qu'est l'humanité, ainsi que le rôle joué en son sein par chacun de nous. Nous pouvons choisir de cesser de faire semblant et de cultiver notre authenticité.

176 pages • 14,90 €

Éros

Don Miguel Ruiz

et Barbara Emrys

Un retour à l'amour inconditionnel

Découvrez la véritable nature de l'amour, pure et inconditionnelle, loin des espoirs et attentes que l'on nous a dépeints.

176 pages • 14,90 €

Les Quatre Accords toltèques transmis à mon enfant

Mélissa Monnier, Olivier Clerc

Une histoire illustrée
et des activités pratiques

Ne passez pas à côté de ce bijou d'éducation positive ! Ce livre vous permettra de donner des clés à votre enfant pour vivre ses relations de façon harmonieuse.

128 pages • 12,90 €

La Maîtrise de l'amour

Don Miguel Ruiz

avec la collaboration de Janet Mills

Apprendre l'art des relations

Don Miguel nous indique ici comment guérir nos blessures émotionnelles par le pardon, l'amour et la vérité.

176 pages • 8,90 €

La Voix de la connaissance

Don Miguel Ruiz

avec la collaboration de Janet Mills

Un guide pratique vers la paix intérieure

Le seul moyen de mettre un terme à notre souffrance émotionnelle et de recouvrer notre bonheur inné, c'est de cesser de croire aux mensonges.

208 pages • 8,90 €

Les Quatre Accords toltèques

Don Miguel Ruiz

avec la collaboration de Janet Mills

La voie de la liberté personnelle

La version beau livre, richement illustrée, du best-seller de don Miguel Ruiz !

160 pages • 17,90 €

Le 5e Accord toltèque

Don Miguel Ruiz et don José Ruiz

avec la collaboration de Janet Mills

La voie de la maîtrise de soi

Le format beau livre : le cadeau idéal à offrir ou à s'offrir !

240 pages • 17,90 €

S'ouvrir à l'amour et au bonheur

Don Miguel Ruiz

avec la collaboration de Janet Mills

Prières et méditations

Quand nous prions, nous utilisons notre voix humaine. Alignons-la maintenant avec la voix de notre cœur.

144 pages • 16,90 €

Dépôt légal : août 2020
Achevé d'imprimer en décembre 2021
Imprimé au Danemark par Nørhaven